国家空间治理与行政区划研究丛书 | 孙斌栋主编

国家空间治理与行政区划 2：中心城市治理

National Spatial Governance and Administrative Division 2 : The Governance of Central Cities

孙斌栋　主编

南京・2023

内容提要

全书分为9章,延续丛书的专题研究系列第一分册的理念,研究当前中国空间治理与行政区划实践的热点问题和学术前沿问题。该系列第一分册重点从不同空间尺度探索治理与区划优化的策略,本书则聚焦于中心城市不同类型的行政区划问题,包括:(1)中心城市市辖区的空间结构,涉及结构特征、撤县设区(市)以及以兼并相邻政区为特征的强省会战略的经济影响分析;(2)城市基层政区的结构优化与治理,以典型的超大城市上海为例进行探索;(3)开发区与城市政区协调发展;(4)城市政府驻地迁移的效果评估与优化路径;(5)收缩型城市的区划策略研究;(6)区域行政区划体系的绩效评估与优化。

本书可供国土空间规划、行政区划、人文地理、公共管理、政治学、区域经济学等领域的学者与实践工作者参考。

图书在版编目(CIP)数据

国家空间治理与行政区划. 2,中心城市治理 / 孙斌栋主编. — 南京:东南大学出版社,2023.10
(国家空间治理与行政区划研究丛书 / 孙斌栋主编)
ISBN 978-7-5766-0951-6

Ⅰ.①国… Ⅱ.①孙… Ⅲ.①国土规划-研究-中国 ②行政区划-研究-中国 Ⅳ.①F129.9②K928.2

中国国家版本馆CIP数据核字(2023)第209649号

| 责任编辑:孙惠玉 | 责任校对:周菊 | 封面设计:孙斌栋 王玥 | 责任印制:周荣虎 |

国家空间治理与行政区划 2:中心城市治理
Guojia Kongjian Zhili Yu Xingzheng Quhua 2:Zhongxin Chengshi Zhili

主　　编	: 孙斌栋
出版发行	: 东南大学出版社
出 版 人	: 白云飞
社　　址	: 南京市四牌楼2号　邮编:210096　电话:025-83793330
网　　址	: http://www.seupress.com
经　　销	: 全国各地新华书店
排　　版	: 南京布克文化发展有限公司
印　　刷	: 南京凯德印刷有限公司
开　　本	: 787 mm×1092 mm　1/16
印　　张	: 10.5
字　　数	: 255 千
版　　次	: 2023年10月第1版
印　　次	: 2023年10月第1次印刷
书　　号	: ISBN 978-7-5766-0951-6
定　　价	: 49.00元

本社图书若有印装质量问题,请直接与营销部调换。电话(传真):025-83791830

总序

随着中国国家实力的不断增强,如何构建适合的国家治理体系已经被提到日程上来,党的十九届四中全会提出了推进国家治理体系和治理能力现代化的要求。空间治理是国家发展和治理的重要组成部分,这源于空间在国家发展中的基础性地位。空间是国民经济发展的平台,所有的社会经济活动都是在空间平台上开展的。空间更是塑造竞争力的来源,空间组织直接决定资源配置的效率,影响经济增长和就业等重大国民经济任务,决定一个国家和民族的发展后劲和竞争力,对于疆域辽阔的大国尤其如此。当前阶段中国正处于由经济大国迈向经济强国的关键时期,也正处于百年未有之大变局的关键时刻。突如其来的新型冠状病毒感染正在波及全球,全球经济体系面临严重危机,中国提出通过形成以国内大循环为主体、国内国际双循环相互促进的新发展格局来应对,客观上也迫切需要相应的生产力空间布局来支撑。城市群是中国新型城镇化的主要空间载体,中心城市是支撑中国国民经济持续发展的增长极,如何通过合理的空间组织和高效的空间治理来增强城市群和中心城市的综合承载力,发挥对国家发展的引领与带动作用,是当前面临的重要任务。

空间的复杂性决定了空间科学研究的滞后性,空间规律有大量的学术空白待填补,空间研究也因此被经济学主流学者认为是经济学最后的前沿。集聚与分散是最基本的空间维度,探索空间集聚与分散的规律是攻克空间前沿难题的必经之路。集聚不经济的存在使得城市与区域空间从单中心空间结构向多中心空间结构转型。集聚中有分散,分散中有集聚。集聚促进经济增长的重要作用得到了广泛的认可,但对于集聚的空间结构,包括其形成机制和作用,我们还知之甚少。哪种空间组织更有利于高质量的发展以及如何推动合理的空间结构的形成需要严谨、规范的科学研究来支撑。

除了市场规律之外,行政区划是影响中国空间组织的一个特殊且不可忽视的要素。行政区划是国家权力在空间的投影,也是国家治理体系建设的空间基础。中国改革开放以来的经济繁荣源于地方经济发展的积极性,但由此而形成的"行政区经济"也束缚了一体化和市场化,制约了效率的进一步提高。当前推进区域一体化和地区协同发展的瓶颈就在于此。党中央高度重视行政区划优化问题,《中共中央关于制定国民经济和社会发展第十四个五年规划和二〇三五年远景目标的建议》提出"要优化行政区划设置,发挥中心城市和城市群带动作用"。优化行政区划,助力于提升国家治理能力与加强治理体系的现代化建设,正成为理论界和政策界都关注的热点问题。

当代中国行政区划的研究起始于20世纪90年代。1989年12月5—7日,由民政部主持、在江苏省昆山市召开的首届"中国行政区划学术研讨会暨中国行政区划研究会成立大会"是重要标志。1990年5月,经民政部批准在华东师范大学成立中国行政区划研究中心。在中心创始主任刘君德先生的带领下,中国行政区划研究中心从理论创新到实践开拓、从人才培养到学科建设,均硕果累累,为推进中国行政区划事业改革做出了积极贡献。在理论研究方面,中国行政区划研究中心原创性地提出了"行政区经济理论""行政区—社区"思想等理论体系。在服务地方方面,中国行政区划研究中心主持了江苏、上海、海南、广东等地的几十项行政区划研究课题,做到了将研究成果应用到祖国大地上。在人才培养方面,中国行政区划研究中心培养的很多青年人才已经成长为行政区划研究领域的知名学者或政府领导。进入 21 世纪以来,中国行政区划研究中心的年轻一代学者不负众望,也正在取得骄人的成绩。中国行政区划研究中心相继承担了国家社会科学基金重大项目、国家自然科学基金项目、民政部关于中心城市内部行政区划调整和省会城市行政区划设置研究等科研攻关任务,以及大连市、伊春市等地方行政区划规划课题;研究成果获得了高等学校科学研究优秀成果奖、上海市决策咨询研究成果奖、上海市哲学社会科学优秀成果奖等一系列荣誉,并得到了中央和地方领导的批示和肯定;举办了一年一度的国家空间治理与行政区划全国性学术研讨会,开启了对地方政府行政区划管理人员的培训。中国行政区划研究中心作为中国"政区地理学"的主要科研阵地之一,得到了国内外同行的广泛认可。

作为国家空间治理的重要智库,民政部政策理论研究基地——华东师范大学中国行政区划研究中心有责任有使命做好新形势下空间治理和行政区划研究工作,在大变局中有更大作为。其中,理论研究是重中之重,是政策研究和智库工作的基础,是服务国家战略的立身之本。本丛书站在学术最前沿,贯穿空间组织和行政区划两条主线,以构建空间结构理论和发展、弘扬行政区经济理论为己任。在空间组织方面,从全国、区域、城市、社区不同空间尺度分析空间结构的格局和演化,从经济、社会、生态多个维度测度空间结构的绩效,从市场和政府不同机制角度探索空间组织规律;在行政区划方面,从地理学、政治学、经济学、公共管理学、历史学等多个视角透视行政区经济的本质,从行政区经济正反两个方面的效应综合评价行政区划的作用,立足经济建设、政治建设、文化建设、社会建设、生态文明建设"五位一体"来探讨行政区划的运行规律。本丛书不仅要打造空间组织科学和行政区划科学的学术精品,而且要从空间维度为国家治理提供学术支撑和政策参考。

是为序。

孙斌栋

华东师范大学中国行政区划研究中心主任

2021 年 7 月 31 日于上海

前言

中心城市是指在一定区域内居于社会经济中心地位，具有强大的吸引力、辐射力和综合服务能力的城市，是国家发展的核心动力源和主要增长极。中心城市治理是推进国家治理体系和治理能力现代化的重中之重，是服务国家高质量发展的战略保障。本书立足空间治理尤其是行政区划作为一种重要资源的视角，探究中心城市行政区划的结构特征、演化规律、社会经济影响，探索中心城市行政区划结构优化的方向和路径，旨在提升中心城市承载能力，理顺城市辖区间的治理关系，完善公共服务和生态空间，为高质量发展、高效能治理和高品质生活的国家空间治理任务提供科学依据。

在中心城市市辖区尺度，回顾市辖区制度发展历程，基于市辖区空间特征和典型问题分析，提出规模结构与区界优化重组的战略建议（第1章）；以撤县设区(市)和"强省会"战略两个当前典型的行政区划调整现象为例，检验其经济增长效应和地区公平效应，为行政区划调整提供绩效评估和决策依据（第2章、第3章）。在基层政区尺度，基于问题导向和国内外经验借鉴，探索以上海为代表的超大城市基层行政区划优化设置思路（第4章）；以上海五个新城为例，探索超大城市新城建设中的基层政府治理对策（第5章）。针对开发区与行政区之间的叠合问题和治理摩擦，以长三角地区案例展开具体分析，寻求融合对策（第6章）。在中央对政府驻地搬迁严控的背景下，梳理地方政府热衷于政府驻地搬迁的原因和多样的空间模式，在对政府驻地搬迁经济绩效检验的基础上提出优化路径（第7章）。收缩型城市是当前我国城市化进程中的一个突出现象，伴随城市收缩的行政区划调整正成为空间治理的重要任务，在理论分析的基础上，以黑龙江省为例探究针对收缩型城市的行政区划优化策略（第8章）。行政区划体系的绩效评估始终是行政区划学界和决策界亟待攻关的一个重要命题，以海南省为例，尝试构建了行政区划体系绩效评估的指标体系和方法程序，基于评估结果提出了行政区划设置优化策略（第9章）。

本书坚持以解决问题为导向，以跨学科研究为范式，以科学研究作为决策基础，通过有组织的科研推进对中心城市空间治理与行政区划优化进行知识积累。

本书由孙斌栋主编，各章执笔人如下：胡德（第1章），姜明栋（第2章），李琬、郑涛、张之帆、孙斌栋（第3章），卢道典（第4章），熊竞（第5章），庄良、叶超（第6章），张婷麟、孙斌栋、周慧敏、潘昱琪、匡贞胜（第7章），洪涛、杨航、李超伟、郭雨（第8章），王丰龙、刘云刚、张吉星、孙鹫、邹海翔（第9章）。

本书由民政部政策理论研究基地——华东师范大学中国行政区划研究中心、中央高校基本科研业务费项目华东师范大学新文科创新平台（2022ECNU-XWK-XK001）和国家社会科学基金重大项目"构建大中小城市协调发展格局研究"（23ZDA049）共同资助。

目录

总序
前言

1 中心城市市辖区空间特征与优化治理研究 ··········· 001
1.1 中国现代市制的建立与市辖区的萌芽 ··········· 001
1.2 中国现代市辖区制度的正式确立与发展历程 ··········· 003
1.3 中心城市市辖区空间特征与典型问题分析 ··········· 008
1.4 中心城市市辖区规模结构与区界优化重组战略 ··········· 012

2 撤县设区（市）对城市经济效率提升的政策效应 ··········· 019
2.1 "市管县"体制下的县级行政区划调整时空演变 ··········· 020
2.2 撤县设区（市）政策效应的机理分析 ··········· 022
2.3 撤县设区（市）政策效应的实证研究 ··········· 023
2.4 我国县级行政区划调整的优化路径 ··········· 034
2.5 研究结论 ··········· 035

3 "强省会"战略对经济增长和区域差距的影响 ··········· 039
3.1 省会城市行政扩张对经济增长的影响 ··········· 040
3.2 省域人口空间极化对经济增长与区域差距的影响 ··········· 044
3.3 结论与建议 ··········· 048

4 上海基层行政区划优化设置研究 ··········· 051
4.1 基层行政区划设置的政策背景 ··········· 051
4.2 上海基层行政区划设置演变的阶段历程与主要特征 ··········· 052
4.3 上海基层行政区划设置存在的突出问题与原因分析 ··········· 060
4.4 国内外大都市区基层行政区划设置的经验启示 ··········· 063
4.5 上海基层行政区划优化设置的基本思路与对策建议 ··········· 066

5 超大城市新城建设中的基层政区治理研究：以上海五个新城为例 ··········· 072
5.1 研究背景和意义 ··········· 072
5.2 中观市域尺度：新城"市—区"关系优化 ··········· 076
5.3 微观城市尺度：新城基层空间协同 ··········· 082
5.4 宏观区域尺度：新城的跨界拓展 ··········· 087

6 开发区与行政区的叠合问题及其融合路径：以长三角地区为例 ········· 089
6.1 开发区与行政区协调发展研究进展 ········· 089
6.2 开发区与行政区的空间关系与案例 ········· 090
6.3 开发区与行政区的叠合特征与问题 ········· 097
6.4 开发区与行政区的融合对策与建议 ········· 100

7 城市政府驻地迁移的实践、经济绩效评估与优化路径 ········· 105
7.1 城市政府驻地迁移的原因 ········· 105
7.2 城市政府驻地迁移的空间模式 ········· 108
7.3 城市政府驻地迁移的经济绩效检验 ········· 110
7.4 城市政府驻地迁移的优化路径 ········· 114

8 行政区划调整助力收缩型城市转型研究 ········· 117
8.1 引言 ········· 117
8.2 收缩型城市的内涵界定与成因分析 ········· 118
8.3 行政区划设置对收缩型城市转型发展的约束 ········· 119
8.4 行政区划调整作用于收缩型城市转型发展的机制 ········· 121
8.5 国内外城市行政区划调整的优化措施 ········· 124
8.6 收缩型城市的行政区划优化策略：以黑龙江省为例 ········· 125
8.7 结论与展望 ········· 131

9 区域行政区划体系的绩效评估与优化策略研究：以海南省为例 ········· 135
9.1 研究进展 ········· 135
9.2 案例地简介与研究方法 ········· 138
9.3 研究结果 ········· 145
9.4 结论与建议 ········· 151

1 中心城市市辖区空间特征与优化治理研究

《中华人民共和国国民经济和社会发展第十四个五年规划和2035年远景目标纲要》明确提出,要"优化行政区划设置,提高中心城市综合承载能力和资源优化配置能力,强化对区域发展的辐射带动作用""优化提升超大特大城市中心城区功能""提升综合能级与国际竞争力",这既是新时期国家区域发展战略布局的必然要求,也是新发展阶段我国应对全球城市竞争的必然选择。市辖区作为中心城市的行政分治单位,其规模、结构的合理设置是完善中心城市内部空间结构,提升中心城市和城市群承载能力,完善公共服务和生态空间,推进城市治理体系和治理能力现代化,增强人民群众幸福感、获得感、安全感的重要前提。分析和总结中心城市市辖区发展演变历程和规模结构特征,是稳慎推进中心城市市辖区规模结构优化的科学基础。

1.1 中国现代市制的建立与市辖区的萌芽

市辖区作为正式的城市内部行政区划单位,其发生发展必然与城市自身的独立行政区划地位相关联。因此,要科学认知市辖区的属性与特征,必须厘清市辖区的发生发展与现代城市建制之间的关系。

1.1.1 中国现代市镇制度的萌芽与建立

划分城、乡,实行城、乡分治,是城市型建制萌芽与发展的基础与前提。中国古代城市实行的是城乡合治,即城市不是作为独立的行政区单独存在,而是由府、州、县等地域型政区对城市和乡村进行统合管理,因此我国虽然有长远的城市发展历史,却没有形成建制城市,更谈不上市镇制度的确立与发展。

晚清政府学习西方政治民主制度,实行地方"自治",并于1909年颁布《城镇乡地方自治章程》,为中国市制的创立拉开了帷幕。1910年颁行《府厅州县地方自治章程》和《京师地方自治章程》,第一次以法律的形式将城镇区划和乡村区划进行区分,承认城、镇的独立建制,并规定"凡府、厅、州、县治城厢为城,其余地方人口满5万以上者为镇,人口不满5万者为乡",

自上而下地促使城市型政区建立[1]。

民国初期政府颁布《停办自治机关令》,市制推行受到挫折,但晚清的市制变革并未随着清朝的覆灭而终止。1921年2月南方革命政府颁布的《广州市暂行条例》是一部里程碑式的法规,它划定了市区范围,设立了市政厅,将广州市直接隶属省政府,不入县范围。广州市是中国近现代史上第一个行政建制市[2]。1921年7月北洋政府颁布《市自治制》,这是中国第一部具有全国性意义的关于城市的法规。1927年《上海特别市暂行条例》和《南京特别市暂行条例》公布,自此上海和南京两个直属于中央政府的直辖市和广东省辖的广州市成立。1928年,国民政府先后公布了《特别市组织法》和《市组织法》,到1930年全国先后设立了南京、上海、北平、天津、青岛、汉口、广州7个特别市和苏州、杭州、宁波、安庆、南昌、武昌、开封、郑州、济南、成都、重庆、沈阳、梧州13个省辖市,初步形成了城市型政区体系,中国几千年单一的地域型政区模式也随之转变为地域型、城市型二元政区模式。至新中国成立前夕(1948年),通过区别城、乡,划定城市界线,建立城市政府的方式,全国先后设立建制城市66个,其中直辖市有北平、南京、上海、天津、青岛、重庆、大连、哈尔滨、沈阳、西安、汉口、广州,共计12个[3]。新中国成立以后,这种"切块设市"、城乡分治的设市模式成为新中国成立初期至改革开放前期城市建制的基本模式。

1.1.2 市辖区的萌芽与形成过程

"市辖区"这一专有名词是在自治市产生以后,由城市政府设置的城市内部行政区。但在我国漫长的封建王朝统治历史中,就城市本身而言也存在着内部分区(功能分区、政治分区)的情况乃至内部的行政区划雏形。早在西周时期的"闾里"制可以被认为是城市内部行政区划的发端,闾里在功能上属于居住区,一个城市往往被划成多个闾里,由多个官员进行分区管理,属于居住区层面的城市局部行政区划;城市内部整体性的行政区划则发端于南北朝时期双附郭县的设置,两个或多个附郭县并治一城的局面奠定了城市内部整体性行政区划的基本格局。

必须指出的是,中国古代城市内部虽然产生了双附郭县或多附郭县的行政区划,但一方面具有内部分区的城市非常有限,城市与乡村的行政管理并未分开;另一方面宋元时期虽然出现了专门的城市行政管理机构,城市内部出现了多级行政区划体系,但这样的城市只占很小一部分,同时城市也没有脱离乡村而自治,且明清时期城市又回到县或附郭县的管理[4]。因此,我国封建时期的城市虽有内部行政区划的萌芽与雏形,但并不具备现代意义上的城市内部行政区划或者城市辖区属性。

事实上,市辖区是一个相当晚近的政区概念,与民国时期市制建立和城市型政区体系的形成相伴随。最早在1910年的《府厅州县地方自治章程》中明确指出,在上海和天津这样的大城市内建立有具体治安管辖范围的"区"(警区),可被视为现代市辖区的雏形。在民国很长一段时间里,城市的行政区划所采用的即是以警察"区署"为代表的警区区划。1930年国民政府公布了修订后的《市组织法》,规定"市划分为区坊闾邻,除有特殊情形者外,邻以五户,闾以五邻,坊以二十闾,区以十坊为限",这是政府正式规定市辖区的设置。但这一法规颁布之后并未得到很好的实施,全国城市大都仍然采取警区制,全国范围的警区向市辖区过渡是在新中国成立之后。即便在新中国成立后市辖区的设置过程中,很多城市也直接继承了警区的划分,只是名称稍有改动,或者拆并辖区而成。以上海为例,1945年抗日战争胜利后,国民政府立即收复上海,上海市境域仍为战前17个区和特别区区域(租界);同年全市按先行接收的警察分局范围划分为29个区;1946年析大场、洋泾各区一部分置真如区,至此上海设20个市区和10个郊区,共30个区;1947年取消各区序数区名,并规范名称;1949年上海属中央直辖市,仍保留之前20个市区、10个郊区的市辖区设置,这一格局一直持续到1955年[1]。因此近代出现的城市警区制可以被理解为现代城市型政区中市辖区的过渡形式。

1.2 中国现代市辖区制度的正式确立与发展历程

1.2.1 现代市辖区制度的正式确立

新中国建立以后,部分大城市组建了区政府,开启了市辖区作为一级政府的历史。1954年颁布的《中华人民共和国宪法》规定"直辖市和较大的市分为区",市辖区"设立人民代表大会和人民委员会",从而使市辖区的行政建制得到宪法层面的保障。1979年通过的《中华人民共和国地方各级人民代表大会和地方各级人民政府组织法》,明确赋予市辖区以县级政权的行政地位。从此,市辖区成为具有明确行政地位和完整行政建制的一级政府[5]。这与民国时期基于城市警区建立的市辖区(市政府派出机构,非一级政府)具有重要区别。然而,要科学认识和理解我国现代城市市辖区,必须从市辖区的设置目的、角色地位、规模特征等角度进行全面考察。

从设置目的来看,新中国成立初期市辖区的设置主要是为了满足城市行政管理的需要,同时也是在城市扩大人民民主的政治需要。1955年,国务院发布的《关于设置市、镇建制的决定》规定,"人口在20万以上的市,如确有分设区的必要,可以设市辖区""需要设置市辖区的,也不应多设"。该决定并未明确指出市辖区的设置目的,但结合该决定的政策逻辑和当时市、镇设置实际,不难解读出在20万人口以上城市设置市辖区的基本考虑是通过增加行政管理层级、划分城市行政区划,来满足大中型城市社会管理和服务需要。同时,设置市辖区也有扩大城市人民民主等政治因素的考虑。1950年,时任政务院内务部部长的谢觉哉在谈到城市政权建设时说:"城市工作宜于集中,人口少的市,在市人民代表大会之下不要有区人民代表大会一级,但较大的市若无区一级,就减少了人民参政的机会。"显然,新中国市辖区的设立不仅出于行政管理的需要,而且把市辖区作为人民参政的一个平台[6]。20世纪80年代以后,伴随着"市管县"体制的推动,我国市辖区的设置目的更趋多样化,如为了理顺行政管理体制,优化地区政区和县级政区的关系,将地区行政公署所在的县级市或县改设为市辖区;20世纪90年代以后,尤其是2000年以来,不少大中城市通过将外围县(市)改设市辖区的方式,来扩展城市发展空间、优化城市发展格局等。

从市辖区的角色地位来看,我国市辖区属于主要体现行政分治区特征,兼具自治型行政区属性的混合型政区。所谓行政分治区,是指该行政区内的政府权力来自上级政府授予,或者说该行政区内的政府是上级政府派出机关,不设人民选举的代表机关。在自治型行政区中,地方政府由该行政区内的人民选举产生,即权力是由当地人民授予的。自治型行政区的政府与上级政府实行分权,上下级政府间不存在严格的领导与被领导关系。混合型行政区介于二者之间,地方政府的权力来源有两个,即上级政府和本行政区的人民。在混合型行政区,地方政府由该行政区的人民选举产生,同时上级政府对该级政府也存在着领导或指导关系[7]。事实上,我国市辖区的这种双重权力来源、混合型政区的政治地位,决定了我国当前城市行政区划、城市治理中的市—区关系和县(市)—区关系。

从市辖区规模来看,其通常是依照辖区人口数量进行划分的,一般有所谓"大区制""小区制""中区制"等类型。所谓大区制是指市辖区设置数量少,单个市辖区的人口规模(一般情况下空间规模也相对较大)较大,通常达到数十万人乃至上百万人;相反,小区制则是指市辖区设置数量多,单个市辖区的人口规模较小,一般不超过10万人口;中区制的人口规模和市辖区设置数量则介于上述二者之间。民国时期,中国市辖区大多实行的是小区制,如上海设市辖区30个(其中城区20个),每个市辖区的人口规模约为10万人。新中国建立后,我国市辖区规模总体上偏向实行大区制,如2020年全国常住人口最多的10个市辖区的人口都超过250万人,其中浦东新区的常住人口接近570万人。由于城市行政区划的历史继承性,现实中我国也有一定数量人口规模、空间规模都较小的市辖区,大区制与小区制并存是我国当前城市市辖区的一个重要特征。

1.2.2 新中国成立以来我国市辖区的发展历程分析

新中国成立以后我国市辖区的发展大致可划分为四个阶段。
1) 1949—1976年:计划经济时期市辖区频繁变动、缓慢发展时期
新中国建立后,与我国当时城市建设思想和市镇设置制度变革相伴随,市辖区数量从1949年底的349个快速增加到1953年的794个,到1954年底达到821个。为了制止各市设区的盲目冲动,减少财政负担,1955年国务院颁布了《关于设置市、镇建制的决定》,按照这个决定,各地

对市镇和市辖区建制进行了精减,市辖区数量到1958年减为377个,比1954年减少了444个。1963年12月,中共中央、国务院发布了《关于调整市镇建制、缩小城市郊区的指示》,要求进一步缩减我国城市郊区的建制数量和规模,将市辖区数量特别是郊区建制进一步压缩,由1962年底的356个减少到1965年底为302个。"十年动乱"时期,全国城市与国民经济均遭受严重挫折,城市化进程徘徊不前,市辖区数量增加缓慢,到1976年底,全国市辖区总数为410个。

2) 1983—1999年[②]:以市领导县体制改革引领的市辖区快速发展时期

1982年中共中央、国务院充分肯定了辽宁省在经济发达地区实行市管县体制的经验,发出《关于改革地区体制,实行市管县的通知》,并批准了江苏全省实行市管县体制,全国各省、自治区都扩大了试点,从而出现了市管县的新高潮。1983年中共中央、国务院又下发了《关于地市州党政机关机构改革若干问题的通知》,要求"积极试行地、市合并"。此后,市管县体制的实施范围逐步扩大,并向西部地区和部分欠发达省份转移。1999年1月,中共中央、国务院发布的《关于地方政府机构改革的意见》再一次强力推行市领导县体制,市辖区数量也随之进一步增多,到1999年末,全国地级市数量增至236个,领导着1 400多个县级政区,90%以上的地级市领导县,由市领导的县(市)占全国县(市)总数的70%左右,市辖区数量从1983年的552个增加到749个(表1-1)。

表1-1 1983年和1999年中国主要地级和县级行政区数量对比

年份	地区/个	地级/个	县/个	县级市/个	市辖区/个
1983	138	145	1 942	141	552
1999	58	236	1 510	427	749

注:为突出市管县体制全国推广背景下地区、地级市、县、县级市和市辖区的变动关系,本表未将盟、自治州、旗(自治旗)、自治县等民族型政区纳入。

这一时期除了前述地市合并、撤地设市、市领导县的根本性变革外,市辖区本身也发生了下述变革:(1)市辖区名称变更,以符合城市现代化发展态势,特别是对以特定历史阶段特征命名的城区名称变更[③],一些城市将"郊区"改为具体地名。(2)增设郊区或将整县合并入市区,以缓解切块设市模式所导致的城市发展空间受限问题[④]。(3)市辖区行政空间局部调整与优化,以符合城市发展和管理的现实需要[⑤]。(4)北京、上海等直辖市率先启动外围县逐步改设市辖区[⑥]。

3) 2000—2009年:以提高城镇化水平为指针的撤县(市)设市辖区

进入21世纪,国家城镇化战略方针调整为"积极稳妥推进城镇化"以及"大中小城市和小城镇协调发展"。《中华人民共和国国民经济和社会发展第十个五年计划纲要》提出要"不失时机地实施城镇化战略""有重点地发展小城镇,积极发展中小城市,完善区域性中心城市功能,发挥大城市的辐射带动作用,引导城镇密集区有序发展"。2002 年党的十六大提出"要逐步提高城镇化水平,坚持大中小城市和小城镇协调发展,走中国特色城镇化道路"。可以看出,第十个五年计划(简称"十五",下同)时期首次将城镇化提升到国家战略高度,以往限制城市规模的城镇化方针逐步淡化,取而代之的是对城镇化发展速度的高度重视。《中华人民共和国国民经济和社会发展第十一个五年规划纲要》延续了"十五"时期的城市发展方针,继续"坚持大中小城市和小城镇协调发展,提高城镇综合承载能力""积极稳妥地推进城镇化,逐步改变城乡二元结构"。

21 世纪的第一个十年处于与新的城市发展方针和国家城镇化战略相适应的过程,这一时期的中心城市、大城市的政区空间演变呈现出两个特征:(1)解决切块设市模式所造成的市县同城和中心城区发展空间受限问题。2000 年江苏省对南京、苏州、无锡、扬州和淮安五市的市区行政区划进行了调整,如苏州撤吴县市设吴中区和相城区,无锡撤锡山县设锡山区和惠山区,优化市县同城的资源配置,解决重复建设、资源分配不均衡等问题,拓展中心城区的城市空间,树立崭新区域的发展形象并提出发展预期[8]。(2)以东部沿海发达地区的大城市、特大城市为发轫推进撤县(市)设区⑦,做强中心城区,构建大都市区。这一方面是对城市化进程不断加速及 1997 年以来国家暂停审批县改市的一种制度回应;另一方面是市领导县体制下的中心城市已经成为中国最重要、最基本的区域经济单元,进一步做强中心城区,构建大都市区不单是城市—区域经济持续发展的现实需要,也与主流的城市发展理论和国家政策相吻合[9]。

从这一时期的行政区划调整与变动结果来看,2000 年至 2009 年间,县的数量减少 39 个,县级市数量减少 33 个,而市辖区数量则增加 68 个,增加的市辖区几乎全部由撤县(市)设区而来。同期地市合并、撤地设市继续推进,并逐步深入内陆与边缘地区,地区数量减少 20 个,地级市数量增加 24 个,增加的地级市也主要由撤地设市而来(表 1-2)。

表 1-2　2000 年和 2009 年中国主要地级和县级行政区数量对比

年份	地区/个	地级市/个	县/个	县级市/个	市辖区/个
2000	37	259	1 503	400	787
2009	17	283	1 464	367	855

注:为突出市管县体制全国推广背景下地区、地级市、县、县级市和市辖区的变动关系,本表未将盟、自治州、旗(自治旗)、自治县等民族型政区纳入。

4) 2010—2020 年:以构建都市圈与城市群为中心的市辖区快速扩展

随着全球经济竞争重心向城市群、城市—区域转变,增强中心城市辐射带动功能,构建更具国际竞争力的都市圈、城市群成为 21 世纪的第二个十年我国城镇化战略的重要战略任务。一方面,随着我国城镇化水平的快速提升,2011 年我国城镇化率首次突破 50%,都市圈化、城市群化发展不单是新时期我国城镇化的重要发展趋势,也是世界城市化进程的普遍规律。另一方面,《中华人民共和国国民经济和社会发展第十二个五年规划纲要》提出,要"按照统筹规划、合理布局、完善功能、以大带小的原则,遵循城市发展客观规律,以大城市为依托,以中小城市为重点,逐步形成辐射作用大的城市群,促进大中小城市和小城镇协调发展……在东部地区逐步打造更具国际竞争力的城市群,在中西部有条件的地区培育壮大若干城市群"。《国家新型城镇化规划(2014—2020年)》明确提出,"直辖市、省会城市、计划单列市和重要节点城市等中心城市,是我国城镇化发展的重要支撑。沿海中心城市要加快产业转型升级,提高参与全球产业分工的层次,延伸面向腹地的产业和服务链,加快提升国际化程度和国际竞争力。内陆中心城市要加大开发开放力度……提升要素集聚、科技创新、高端服务能力,发挥规模效应和带动效应。区域重要节点城市要完善城市功能,壮大经济实力,加强协作对接,实现集约发展、联动发展、互补发展。特大城市要适当疏散经济功能和其他功能……加强与周边城镇基础设施连接和公共服务共享,推进中心城区功能向1小时交通圈地区扩散,培育形成通勤高效、一体发展的都市圈"。《中华人民共和国国民经济和社会发展第十三个五年规划纲要》延续和深化了"十二五"时期和国家新型城镇化规划的城镇化战略思想,提出要坚持以人的城镇化为核心、以城市群为主体形态、以城市综合承载能力为支撑、以体制机制创新为保障,加快新型城镇化步伐。

在此背景下,与新时期增强中心城市辐射带动功能和加快城市群、都市圈建设相适应,中心城市的外围县(市)、毗邻县(市)不断融入主城区,壮大中心城市综合实力,成为这一时期城市化和行政区划调整最突出的特征。2010年至2020年间,我国市辖区数从2010年的853个快速增至973个,市辖区数净增120个,远超2000年至2009年间市辖区增加数(68个);同期县级市从370个增至388个,但县从1 461个减至1 312个,减少149个,远远超过2000年至2009年间的撤县数量(表1-3)。此外,跨市域合并毗邻县、市成为一种新现象。如2011年撤销巢湖地级市,将其行政区域分别划归合肥市、马鞍山市和芜湖市;2019年撤莱芜市设济南市莱芜区等。

表1-3 2010年和2020年中国主要地级和县级行政区数量对比

年份	地区/个	地级市/个	县/个	县级市/个	市辖区/个
2010	17	283	1 461	370	853
2020	7	293	1 312	388	973

注:为突出市管县体制全国推广背景下地区、地级市、县、县级市和市辖区的变动关系,本表未将盟、自治州、旗(自治旗)、自治县等民族型政区纳入。

这一时期中心城市行政区划变革的另一个特征是中心城区(市区或主城区,市辖区范围)内部的行政区划调整优化频率加快,通过区界重组来优化政区空间,促进中心城区的老城保护与更新、优化城区发展空间格局、增进社会事业与公共服务均衡,以增强中心城市的综合承载力。如2012年苏州将老城区的平江、沧浪、金阊三区合并为姑苏区,以解决老城区规模偏小、功能分散以及古城保护问题。2021年杭州市实施"并二、设二、改一"的区划改革方案,全面优化和调整中心城区内部区划格局。

需要指出的是,在这一时期中心城市的综合实力和辐射带动能力得到快速提升的同时,也存在一些中心城市将《中华人民共和国国民经济和社会发展第十二个五年规划纲要》《中华人民共和国国民经济和社会发展第十三个五年规划纲要》和《国家新型城镇化规划(2014—2020年)》"增强中心城市辐射带动功能,加快城市群、都市圈建设"的战略思想片面理解为扩大城市规模、做大做强中心城市,通过撤县(市)设区兼并周边县(市),大幅扩大市辖区规模,这一方面存在一些盲目扩大城市空间的发展悖论与扩张冲动,另一方面也导致对县(市)等历史行政区划和地名文化保护的缺失。在此背景下,2022年发布的《"十四五"新型城镇化实施方案》提出,要"严格控制撤县建市设区,推进市辖区结构优化和规模适度调整";国家发展和改革委员会印发的《2022年新型城镇化和城乡融合发展重点任务》要求,"慎重从严把握撤县(市)改区,严控省会城市规模扩张……稳慎优化城市市辖区规模结构";2022年的《政府工作报告》指出要"严控撤县建市设区"。因此,推进市辖区结构优化和规模适度调整,将是未来一段时期内我国优化和完善中心城市行政区划设置的核心内容。

1.3 中心城市市辖区空间特征与典型问题分析

1.3.1 中心城市市辖区空间特征分析

1)市辖区空间规模呈现圈层结构

对36个中心城市市辖区规模特征的综合分析的结果显示,我国中心城市市辖区空间规模存在明显的圈层结构,即市辖区的空间面积从城市中心位置由内而外呈圈层状扩大。以南昌市为例,东湖、西湖、青云谱三个中心城区的辖区面积平均约为40 km^2,紧邻的湾里和青山湖两个近郊型市辖区面积大致为240 km^2,而外围的新建区面积则超过了2 000 km^2(图1-1),市辖区空间规模存在明显的圈层结构;又如南京市的玄武、秦淮、建邺和鼓楼四个中心城区的平均面积为65 km^2,栖霞、雨花台两个近郊型市辖区的平均面积为260 km^2,而外围的浦口、江宁、六合三区的平均面积约为1 300 km^2,也同样存在明显的圈层结构。

南昌、南京二市并非特例,事实上我国中心城市普遍存在类似的市辖区空间规模圈层结构,究其原因主要与我国市辖区的建制历程有关。早期切块设市即设立的市辖区普遍空间规模较小,一般不大于100 km^2;由早期城市郊区改设的市辖区面积普遍较中心城区市辖区大,一般为100—300 km^2;后期撤县(市)设立的市辖区面积一般是原县(市)的管辖面积,通常在1 000 km^{2}以上。由此形成了我国中心城市市辖区空间规模由内而外逐渐扩大的圈层结构。

南昌市地图（政区版）

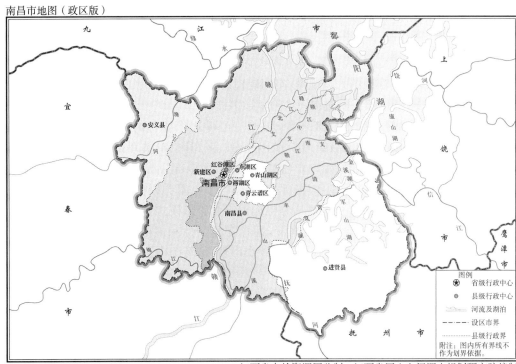

审图号：赣S（2022）059号　　江西省自然资源厅监制　江西省国土空间调查规划研究院编制

图1-1　南昌市行政辖区空间示意图

需要指出的是，市辖区的人口、经济规模并不存在类似的圈层结构，以南昌市为例，由内而外市辖区的平均规模由 40 km² 扩大至 240 km² 再扩至 2 100 km²，但无论是人口规模还是经济规模总体上保持相对均衡（表1-4），与空间规模之间没有相关关系。

表1-4　2019年南昌市各市辖区面积、常住人口、人口密度与国内生产总值（GDP）

下辖政区	面积/km²	常住人口/万人	人口密度/(人·km⁻²)	GDP/亿元
东湖区	57.89	44.91	7 758.66	366.69
西湖区	35.29	45.73	12 958.52	614.56
青云谱区	36.87	26.48	7 182.32	366.51
湾里区	247.01	44.03	1 782.56	530.12
青山湖区	240.64	70.62	2 934.79	375.14
新建区	2 159.73	28.07	129.96	669.46

从人口规模来看，市辖区人口规模主要集中于 50 万—100 万人。人口超过 100 万人的市辖区近 40 个，主要有两类：一类是特大、超大城市人口高度密集的中心城区；一类是撤县（市）改设的市辖区。人口规模在 50 万人以下的市辖区也在 40 个左右，一种是空间规模特别小（通常小于

1　中心城市市辖区空间特征与优化治理研究 | 009

40 km²)的中心城区,另一种是西部、东北地区本身人口少、密度低的城市市辖区,如拉萨、哈尔滨、呼和浩特、银川等。

市辖区的经济规模无论是在36个中心城市之间还是在任一中心城市内部都存在较大差异,这主要与不同城市、不同市辖区的经济发展水平有关,与市辖区的人口规模、空间规模没有必然联系。

2) 市辖区横向空间结构复杂多样

从纵向管理层级来看,36个中心城市都实行的是"市—区/县(市)—街道/乡镇"的三级管理模式。从市—区/县(市)关系来看,除广州、武汉、南京、深圳、厦门、海口6个城市下辖政区全部为市辖区外,其余30个城市都是区与县(市)并存,实行市领导县、市代管县级市的管理体制。从这个意义上说,36个中心城市在纵向层级和管理模式上具有较高一致性。

但从横向空间结构来看,则存在复杂性和多样性。一是区/县结构差异大。36个中心城市共辖250个市辖区,每个中心城市的市辖区数量在3个至12个之间变动,平均辖7个市辖区。36个中心城市共领导或代管141个县(市),每个中心城市县(市)数为0—14个。石家庄、泉州、温州、福州4市下辖县(市)数量超过市辖区;昆明、郑州、哈尔滨3市市辖区与县(市)数量等同;其余29个城市市辖区数量超过领导或代管的县(市),其中广州、武汉、南京、深圳、厦门、海口6市下辖全为市辖区,成为无县城市。二是空间规模均衡程度的差异大。36个中心城市面积最大区与最小区的比值在2.6至119.9之间变动,杭州、大连、武汉、西安、青岛、广州、南昌7个城市最大区与最小区面积悬殊超过50倍,而太原、西宁、合肥、郑州、南宁、海口、银川、温州等城市面积悬殊在5倍以内。三是横向空间结构变动大。36个中心城市普遍经历过区县撤并、区界重组、撤县设市、新设市辖区等多次区划调整,当前无论是市辖区的空间规模还是区—县(市)空间结构,较之20世纪80年代初的政区空间已发生巨大变化。

3) 市辖区的经济社会属性特征差异明显

对36个中心城市250个市辖区的经济社会属性进行综合分析后可以发现以下特征:(1)人口密度存在明显的等级梯度和空间区位差异。对250个市辖区的人口密度进行聚类分析后可以发现10 000人/km²以上、6 001—10 000人/km²、3 001—6 000人/km²、1 000—3 000人/km²、1 000人/km²以下等几个明显的人口密度层级。综合来看,人口密度为6 000人/km²以上的市辖区一般都是人口密集的中心城区,除社会治理难度上与10 000人/km²以上的市辖区有所差别外,其城市功能、属性和城市化状态与10 000人/km²以上的市辖区并没有本质差别;3 001—6 000人/km²的市辖区一般是近郊型市辖区;1 000—3 000人/km²的市辖区通常是中郊型市辖区;而人口密度在1 000人/km²以下的市辖区通常是外郊型市辖区。须指出的是,由于各中心城市所处区域的自然地理条件、人口分布、社会经济发展水平具有差异,有一部分市辖区的人口密度与空间区位特征并不符合上述一般性分析。(2)产业结构存在明显聚类特征。第一类是第三产业超过90%的市辖区,这类市辖区已经完全城市化,通常是老城区;第二类是第三产业占比在70%以上、第一产业占比低于0.5%的市辖区,这类市辖区也已经高度城市化,第二产业仍占一定比重,但区域发展正日趋服务经济化,一般是近郊型市辖区;第三类是第一产业占比超过1%的市辖区,这类市辖区尽管第一产业占比并不高,但通常还保有一定范围的农业、农村地区,其第二产业与第三产业之间通常是相对均衡关系,一般是中郊撤县(市)改设的市辖区;第四类市辖区是第一产业占比在5%上的市辖区,一般是城市远郊撤县(市)改设的市辖区,通常还具有较广范围的农业和农村,传统县(市)域经济的发展特征也非常明显。

1.3.2 中心城市市辖区设置现存矛盾与问题

中心城市行政区划结构的演变适应了国家不同时期发展的需要,对支撑国家发展战略做出了重要贡献。但对标全球城市竞争的新趋势和中国式现代化新道路的新要求,当前中心城市政区空间在纵向结构和横向结构上都还存在一些不匹配、不适应的问题。

1)本质问题:纵向权力配置不科学

(1)市—区、县(市)关系

一是市—区之间的责权利关系不清晰、不科学,导致市—区之间、区—区之间无序竞争,既钳制了城市政府的资源优化配置能力,也影响了城市空间布局和城市发展战略的整体性和统一性。二是市—县(市)关系不稳定、不明确。由于多重因素影响和中心城市发展需要,撤县(市)设区成为当前我国城市行政区划的改革热点。大幅撤县(市)设区一方面改变了市域政区的空间关系[市区与外围县(市)],另一方面引致市辖区之间的差异化和悬殊性。尤其要指出的是,县、县级市与市辖区具有不同的政区属性、地域特征和治理逻辑,无序的撤县(市)设区不单混淆了政区类别,同时也给城市经济发展和城乡社会治理带来了重大问题。

(2)功能区—行政区关系

功能区是地方政府为实现某种特定经济和功能目标而设立的管理区,因此功能区与行政区之间的关系本质上是城市政府与行政区之间的关系。由于功能区的性质、等级、功能不同,其管理模式、空间关系、权责利的配置也复杂、多样,其与相关行政区之间的关系也各有差异,但总体上功能区与行政区之间的空间分割和权责利关系不对等的现象较为普遍,导致功能区—行政区之间的制度矛盾和利益摩擦严重,这一方面影响了功能区特殊经济或功能目标的实现,另一方面也加重了城市发展的空间割裂问题。

2)现实问题:横向空间结构不合理

(1)市辖区的圈层化分异

当前中心城市市辖区从城市中心由内而外呈现出明显的圈层化分异特征:一是空间规模逐渐扩大、内外悬殊。当前36个中心城市有13个中心城市最大市辖区是最小市辖区的20倍以上。二是地域属性和发展特征分异明显。内外城区、新老城区之间的建成区环境、城市化水平、人口密度、产业经济特征等方面差别巨大。市辖区的圈层化分异和规模悬殊既不利于要素资源互补和区域均衡发展,也不利于城市经济、社会的分类指导和高效治理。

（2）老城区区划碎片化

部分城市老城区区划碎片化与边界交错,区划碎片化对老城区统筹发展主导功能、协调保护历史文化以及降低行政成本都有不利影响,区划边界复杂交错则引发交叉管理难题,这与新时期优化中心城区功能、提升城市综合能级和国际竞争力的发展要求不相适应。

（3）发展受限与发展不足并存

根据23个中心城市反馈的书面调研显示,成都、银川、贵阳、太原等13个城市存在中心城区面积偏小、空间受限与大城市病等问题。但32个中心城市建成区面积与市辖区面积的平均占比仅为12%,建成区面积占市辖区面积比重超过30%的城市仅有合肥、深圳、郑州3个城市,占比为20%—30%的城市也只有太原、无锡、温州、厦门、泉州、长沙、成都、西宁8个城市,而占比低于10%的城市有16个。

（4）行政区与功能区体制摩擦

行政区与功能区体制摩擦会弱化发展动力,在已反馈的23个中心城市的书面调研报告中,大连、贵州、南宁等9个城市反映在实际工作中存在行政区与功能区的体制摩擦问题。

1.4　中心城市市辖区规模结构与区界优化重组战略

市辖区作为城市的组成部分,也是一个综合性、多功能的行政地域概念。在我国现实的行政区划体系中,市辖区是由城市政府管理的一种行政建制单位。从市—区关系来看,市辖区作为城市分治单位是其基本属性,这决定了市辖区规模、区界的划定首先应与中心城市的发展阶段、区域功能、发展战略相适应和相匹配,天然具有动态性和被动性特征,不可能存在一个静态性、标准化的最优规模[①];从市辖区自身来看,空间区位、建制来历、发展阶段（特征）、城市功能、治理能力等的差别化特征决定了其辖区规模的差异化发展,同样也不存在一个最优规模。因此,在研究和分析市辖区规模结构与区界优化重组时,必须秉持的基本态度是,不存在标准化、统一性的最优市辖区规模,但与此同时,市辖区规模也是有规律可循的,受若干因素影响。

1.4.1　市辖区空间规模与结构的影响因素分析

1）城市管理体制:市—区关系

市辖区作为城市分治单位,其规模、结构首先受制于城市管理体制,即市—区关系,其核心是市与区之间的权力与利益关系。依照市与区权力关系配置,一般可分为强市—弱区、弱市—强区和市—区均衡等不同关系。在强市—弱区关系下,行政管理、财政、规划、土地利用等重要权限向市级集中,区的主要职能和权责以社会管理和公共服务为主,此模式一般实行小区制,区下不设街道,以便区级政府直接贴近社区、居民,进行精细化管理,其规模一般控制在 5 km^2、10 万人以内;弱市—强区关系则主要体现为市级政府向区级政府的充分放权,以增强区级政府发展的自主性,这就要求在一个市辖区范围内能形成相对完整的产业经济体系和合理的空间发展格局,通常其人口和空间规模与一个中等城市相当,可视为大区制;市—区均衡关系模式则介于大区制和小区制之间,市与区的权力配置也在放权与集权之间动态平衡。就我国现阶段中心城市的普遍情况来看,一般实行二级政府(市—区)、三级管理(市—区—街道)、四级治理(市—区—街道—社区),区级政府普遍还具有较大的经济管理、城市发展权限和职责(一些城市在街道层面仍保留招商引资等经济权限),从人口和空间规模来看仍以中区制、大区制为主。需要指出的是,这里的中区制、大区制本身随中心城市自身的规模和行政管理体制而变化,其市辖区规模"中"和"大"的界定具有较大弹性。

2) 建制来历

从建制来历上看,市辖区可分为切块设市即设立的市辖区、城市郊区改设或撤并设立的市辖区、撤县(市)设立的市辖区、县(市)或市辖区拆并设立的市辖区、城市功能区改设的市辖区等。一个市辖区的建制来历通常表征着其建制特征、治理模式、城市化水平和当前发展重心,进而对其辖区规模产生影响。如切块设市即设立的市辖区,至少已经过近 40 年的城市发展与治理过程,已经完全城市化,普遍辖区空间较小、人口密度高,当前的发展重心是城市历史文化保护、旧城更新和中央商务区提质等,通常需要与相邻中心城区协同配合,其优化原则应当是与相邻中心城区优化重组;而撤县(市)设立的市辖区通常是整县(市)改设的中郊型、远郊型市辖区,设区时间较短、城市化水平较低,传统上县(市)经济相对独立发展,县(市)域行政管理体系较为稳定,原则上应保持现有辖区规模不变等。

3) 空间区位

我国中心城市普遍具有明显的圈层结构,从由内而外的空间区位来看,市辖区可分为中心城区型市辖区、近郊型市辖区、卫星城(新城)型市辖区、远郊型市辖区、飞地型市辖区等。市辖区在城市中的空间区位在一定程度上表征着其与中心城市的空间关系、产业经济联系与功能、城市化动力与模式等特性,不同空间区位市辖区的差别化特征对其辖区规模也产生重要影响。如近郊型市辖区通常距离中心城区 10—15 km,与中心城区社会经济联系,其城市化与经济发展受到中心城区强烈的辐射作用,基本与中心城区呈一体化发展,其空间规模优化的主要任务是优化与毗邻中心城区之间的区界关系,构建相对均衡的中心城区空间格局;而卫星城型市辖区则通常距离中心城区 15—30 km,受到自身城市化和中心城市郊区化的双重影响,其政区空间优化的重心是构建与中心城市重要空间战略、大型基础设施布局相适应的辖区规模与结构。

4) 发展阶段

市辖区城市化水平和城市经济的发展阶段对城市经济和社会治理模式产生决定性影响,进而对市辖区的规模、结构产生影响。对 36 个中心城市进行综合分析发现,传统意义上的中心城区已经完全城市化,产业结构中以现代服务业为核心的第三产业占比超过 90%,去工业化和服务业经济特征明显,人口和人才高度集聚,其城市经济和社会治理重心在于城区综合环境的整体优化、中央商务区的整体打造和城市治理精细化,有必要推进中心城区的适度整合,但其市辖区(人口和空间)规模却又都不宜过大;而近郊型市辖区的城市化率一般也在 90% 以上,但第二产业在三次产业中仍占较高比重(大多在 30% 以上),处于产业和经济结构转型升级阶段,需要得到中心城区各类优质人才、科技、金融等优质资源的支持,在此背景下科学推进近郊型市辖区与毗邻中心城区的优化重组具有重要意义。

5) 城市治理能力

市辖区规模尤其是人口规模大小受到城市治理能力限制。对于治理能力强的城市,市辖区规模大一些,反之则要小一点。城市治理能力既取决于城市人口素质、受教育文化水平这些基本要素,也取决于城市治理方式、治理技术水平以及社会经济发展水平。随着大数据、互联网的不断应用和网格化治理方式的引进,城市治理能力得到了极大的提高。市辖区人口规模总体上呈现增长的态势。

1.4.2 市辖区规模结构与区界重组的基本原则与总体思路

1) 基本原则

重视市辖区的差别化属性、特征与功能,科学研究与划分市辖区类型。以优化市域空间结构、提高行政效能、完善城市功能布局为导向,根据城市发展现实和未来发展需求,因地制宜、因城而异,审慎调整市辖区规模结构,支持中心城市市辖区的优化重组,以增强中心城市的综合承载能力,使中心城市政区空间和行政区划体制成为新时期"以人为本的城镇化、以人民为中心的城市建设"的重要资源和制度保障。具体而言,市辖区规模结构调整与空间优化重组必须遵循下述原则:

(1) 分类指导原则。根据市辖区的差别化属性、特征与功能,科学研究与划分市辖区类型,是推进市辖区规模结构和区界重组的基本前提。要综合考虑市辖区的建制时间与来历、自然地理条件与空间区位、人口密度、城市化水平、产业经济结构、治理能力等要素,对市辖区进行科学分类,针对不同类型的市辖区确立相应的分析与评估标准,对其进行分类指导。

(2) 稳定性原则。市辖区的规模结构调整与区界优化重组必须重视两个稳定性:一是政区结构的稳定性,即保持中心城市政区数量、管理幅度的相对稳定,不能大幅度推进政区合并或拆分,造成政区数量和行政机构的大幅增减;二是社会治理的稳定性,尽可能在同类或相似地区(如区域属性、经济发展水平、公共服务水平、地域文化等方面)进行调整或重组,尽可能避免对社会经济发展水平过于悬殊的地区进行重组,以确保区域社会治理的稳定性。

(3)人口规模原则。市辖区的人口规模较之空间规模、经济规模具有更强的均衡性和稳定性,同时人口规模也是城市社会治理的首要影响因素,因此应将人口规模作为市辖区规模结构调整与区界优化重组的核心限制因子。对36个中心城市250个市辖区的综合分析和调研反馈表明,50万和150万是市辖区人口规模的两个重要临界值,50万人以下的市辖区人口规模过小,存在政府机构和行政人员的规模不经济问题,人口超过150万人的市辖区则面临着社会治理任务重、难度大、社会风险高的问题。基于此,原则上可将50万—150万人作为市辖区人口规模的合理区间,对超过(尤其是大幅超过)150万人的市辖区进行合理拆分,对50万人以下的市辖区进行空间整合。

2)总体思路

在操作思路上,主要有以下四个方面值得关注:

一是推进空间面积小、人口密度高、历史文化保护任务重、旧城更新改造压力大的老城区的空间整合,形成人口、面积规模适度,城市环境风貌和空间功能相对统一的城市核心型市辖区。按照城市精细化(网格化)管理和15分钟生活圈构建的理想设计,一个城市街道的大致规模为5—6 km^2,人口为5万—10万人,一个市辖区派出5—10个街道,整合后的城市核心型市辖区常住人口规模建议为50万—100万人,大致相当于国家城市规模划分标准中中等城市的人口规模。

二是推进近郊型市辖区与毗邻中心城区的区界重组。近郊型市辖区一般由原城市郊区更名或改设,经过多年发展多数已经与中心城区融合在一起,由于其发展空间大、距离中心城区近,通常成为城市中发展最快、经济体量最大的区域[⑨],且对中心城区形成包围态势或形成犬牙交错格局,与毗邻的中心城区之间形成较大反差(空间规模、经济体量、城市形态等),长远来看不利于优化、均衡的城市空间格局。建议通过市辖区拆分、合并、边界调整等方式,综合考虑常住人口、管理幅度、政区形态等因素,优化调整辖区规模和边界,人口规模尽量控制在150万人以内。

三是郊域型市辖区与近郊型市辖区的优化重组。郊域型市辖区通常地处城市中郊、远郊,区域内通常还保有大量农业与农村,实行城乡一体化的"综合性"管理[⑩],通常由县或县级市改设而来,这类市辖区原则上应保持原有辖区范围和边界不变,重点探索市—区放权和行政管理体制改革,但根据中心城区空间拓展的实际需要,如大型基础设施建设、重要经济功能区设置、重大城市或区域发展战略等,可通过辖区拆并、边界调整等方式与中心城区或近郊型市辖区进行优化重组。

四是处理好市与区、区与区两类关系。该思路的实质是市与区、区与区利益关系的调整与重构,这是中心城区政区体制改革成功与否的核心和关键。一方面要建立市与区纵向合理的集权与分权的权力结构和职能分工关系,尤其是要明确市、区政府的功能定位和主体责任,科学配置市、区两级管理权限(如城市规划权、土地使用权、财权与事权匹配、财税划分与转移支付等);另一方面是要形成区与区之间合理的横向结构,建立起空间均衡、紧密合作、有序竞争的协同关系。若这两重关系未能理顺,市辖区规模结构、区界优化重组并不能达到通过中心城区政区体制改革来增强城市综合承载能力、推进以人为本的城镇化的最终目的。

(执笔人:胡德)

第1章注释

① 1956年上海市撤销老闸、嵩山、常熟、静安、北站、北四川路6个市区,并重组设立东郊、西郊、北郊3个郊区,全市合计18个区。这突破和超越了民国时期的市辖区设置逻辑。事实上这一时期市辖区的设置与重组已经是一种全新的城市市辖区设置与规划理念,标志着我国现代市辖区制度逐步成熟。

② 上节的重点在于指出1966—1976年受"十年动乱"影响,市辖区数量增长缓慢。事实上,在中央政府对外公布的行政区划概况中,这一时期至1976年末,市辖区是没有单独显示的,1977年才开始显示各省级政区的市辖区数量。1977—1982年市辖区的数量从1976年410个增加到了1982年的476个,6年共增加了66个,但在后文所提及的1983年的地区体制改革之后,一年时间就从476个增加到了552个(增加了76个)。由此可以看出,1983年是一个产生重大突变的时间节点。至于1977—1982年应该说也就是计划经济到改革开放之间的一个过渡时期,虽然有过去趋势延续和新的自发增长的双重性,但没有典型特征或重要意义。后文中涉及1982年,是指中央政府在这一年肯定了一些地区的经验后于次年出台了《关于地市州党政机关机构改革若干问题的通知》,但全国性、普遍性地推广与实施地市合并和市管县是在1983年,因此这里的1982年只是交代时代背景与来龙去脉,并不是相关市辖区的数据或者指重大变动发生在1982年。

③ 如1980年苏州市东风区、红旗区、延安区分别更名为平江区、沧浪区、金阊区。

④ 如1985撤销镇海县,将原镇海县的行政区域并入宁波市,设立镇海区,扩大宁波市海滨区。

⑤ 如1980年撤销西安市郊区,设立未央区、雁塔区、灞桥区;设立衡阳市郊区;西宁市设郊区。1986年撤销常州市广化区,将广化区的行政区域分别划归钟楼区和天宁区;撤销邯郸市郊区,将所辖的乡、镇分别划归丛台区、复兴区、邯山区领导。1990年,撤销杭州市拱墅区、半山区,设立新的拱墅区;撤销芜湖市裕溪口区、四褐山区、郊区3个市辖区,设立鸠江区;将成都市东城区、西城区、金牛区调整为锦江区、青羊区、金牛区、武侯区、成华区。

⑥ 早在1980年,北京、上海以外围县的部分行政区域设立新的市辖区。1981年设立

上海市闵行区,以徐汇区的闵行、吴泾地区以及上海县部分地区为其行政区域。1984年将川沙县的洋泾镇和张桥、洋泾、严桥、六里、杨思5个乡的116个生产队,上海县的漕河镇、龙华镇、北新泾镇和龙华、梅陇、虹桥、新泾4个乡的177个生产队,嘉定县的真如镇和长征、桃浦2个乡的47个生产队,宝山县的江湾镇、五角场镇和彭浦、庙行、江湾、五角场4个乡的129个生产队划归上海市市区管辖。1986北京撤销房山县、燕山区,设立房山区。1988年上海撤销宝山县和吴淞区,设立宝山区。1992年上海撤销上海县和上海市闵行区,设立新的闵行区。1992年设立上海市浦东新区,撤销川沙县,浦东新区的行政区域包括原川沙县,上海县的三林乡,黄浦区、南市区、杨浦区的浦东部分。1992年上海撤销嘉定县,设立上海市嘉定区。

⑦ 如2000年,南京撤销江宁县设江宁区;扬州撤销邗江县设邗江区;广州撤销番禺市和花都市设番禺区和花都区;2001年杭州撤销余杭市、萧山市设余杭区、萧山区;等等。

⑧ 从扁平化管理、精细化服务的角度来看,划小市辖区可能是适宜的,但从城市中央商务区转型升级、旧城保护与更新等角度来看,市辖区的空间整合可能是必要的。事实上,对我国981个市辖区进行综合分析与评价后发现,无论是从人均、地均的地区生产总值、财税产出等经济角度,还是从行政效能、公共服务、社会治理等综合治理角度分析,都不存在一个市辖区规模的综合最优解,如无法整体性地判定仅有21万常住人口的深圳盐田、124万人口的广州荔湾区和568万人口的上海浦东新区,谁的规模是最优的。

⑨ 根据全国经济百强区排行榜可知,多数百强区都属此类近郊型市辖区。

⑩ 与中心城区"单一性"的城区管理相对应。

第1章参考文献

[1] 张利民. 艰难的起步:中国近代城市行政管理机制研究[M]. 天津:天津社会科学院出版社,2008:101.

[2] 傅林祥,郑宝恒. 中国行政区划通史·中华民国卷[M]. 上海:复旦大学出版社,2007:516.

[3] 刘君德,靳润成,周克瑜. 中国政区地理[M]. 北京:科学出版社,1999.

[4] 胡乐伟,吴宏岐. 论中国市辖区形成的历史过程[J]. 陕西师范大学学报(哲学社会科学版),2013(5):50-56.

[5] 魏后凯,白联磊. 中国城市市辖区设置和发展评价研究[J]. 开发研究,2005(1):1-7.

[6] 李国芳. 建国前后中共减少城市行政层级的尝试:以石家庄、天津等为线索[J]. 党的文献,2007(2):58-63.

[7] 杨文彬,王海峰. 国际比较视角下中国市辖区研究[J]. 行政论坛,2011,18(5):44-48.

[8] 王由礼,马永青,李天宁. 改变市县同城势在必然:我省南京等5个省辖市市区行政区划调整情况的调查报告[J]. 群众,2002(5):22-24,7.

[9] 肖金成. 发挥地级市对区域经济发展的带动作用[J]. 计划与市场探索,2003(4):6-9.

第 1 章图表来源

图 1-1 源自:笔者根据民政部全国行政区划信息查询平台江西省(赣)南昌市地图(政区版)[审图号为赣 S(2022)059 号]绘制.

表 1-1 源自:中华人民共和国民政部编《中华人民共和国行政区划简册》(1984 年)、《中华人民共和国行政区划简册》(2000 年).

表 1-2 源自:中华人民共和国民政部编《中华人民共和国行政区划简册》(2001 年)、《中华人民共和国行政区划简册》(2010 年).

表 1-3 源自:中华人民共和国民政部编《中华人民共和国行政区划简册》(2011 年)、《中华人民共和国行政区划简册》(2021 年).

表 1-4 源自:南昌市统计局、国家统计局南昌调查队编《南昌统计年鉴:2020》.

2 撤县设区(市)对城市经济效率提升的政策效应

《中华人民共和国国民经济和社会发展第十四个五年规划和2035年远景目标纲要》强调了优化行政区划设置在破除资源流动障碍和推进国土空间开发保护中的重要性。行政区划作为国家政治结构在空间上的体现，区划边界确立的同时也形成了城市空间、要素、政策等多重资源的基本属性[1]，进而对城市发展格局的塑造发挥重要作用。随着新型城镇化的不断推进，国家行政区划调整的空间尺度逐步细化，县级行政区划成为新时代调整的重点对象[2]。撤县设区和撤县设市为两类主要的县级行政区划调整政策，而撤县设区作为扩展城区规模、调整空间布局的重要行政手段，其数量在21世纪，尤其是2011年以来迅速增长，调整数量远大于撤县设市数量，成为我国县级行政区划调整的重要政策工具，是落实新时代区划调整部署的重要举措[3]。

那么，撤县设区是否改善了城市发展状况呢？对此，众多学者基于撤县设区政策效应的逻辑框架，从区域经济增长、城乡人口结构等多个角度探讨了其对城市发展的影响。郭其友等发现，撤县设区对城市经济增长具有积极作用[4]；聂伟等从人口城镇化的角度同样验证了撤县设区的积极政策效应[5]。此外，还有不少学者研究了撤县设区对城市产业结构[6]、企业生产[7]、财政收支[8]和公共服务[9]等其他领域的影响，结果均证明撤县设区对城市社会经济发展具有显著正向作用。但也有学者对撤县设区政策效应的有效性和可持续性提出异议，李郇等发现撤县设区对城市经济增长、居民人均消费仅具有短期促进作用，缺乏长期激励[10]；邵朝对等的研究也表明撤县设区对城市经济增长的正向作用呈现先上升后下降的特征，对区域经济增长的促进作用有限[11]。部分学者还提出，在某些情况下撤县设区可能与实际的城市化进程相违背，甚至阻碍城市经济发展[12]。针对上述撤县设区政策效应检验结果的双重性，一些学者指出，城市的复杂社会经济因素如区县主动性[12]、区县地理位置[13]、城市规模[14]等，可能会影响撤县设区对城市经济社会发展的作用效果，万陆等则指出撤县设区的潜在结构型风险与市县经济实力的对比情况相关[15]。撤县设市作为县级行政区划调整的主要方式之一，也为学界所广泛探讨。范逢春等对撤县设市的历史变迁和政策逻辑进行了梳理与探讨，肯定其对中小城市发展的支持作用[16]；撤县设市对地区经济发展的积极效应也得到其他学者研究的支持[17]。但部分学者在肯定撤县设市有助于经济增长的同时也就随之出现的经济不协调、政治不稳定等"制度意外"[18]提出有关政策效应的质疑,认为其无法改善城市发展效率[19]。

总体来看,尽管不少文献探讨了以撤县设区(市)为代表的县级行政区划调整的政策效应,但相关研究大多仅关注城市经济增长、要素集聚、公共服务等单一经济规模或社会发展指标,而缺乏关于行政区划调整对城市经济效率影响的分析和检验。在政策导向作用下,撤县设区(市)往往能在短期内吸引大量资本和劳动力并扩大经济规模,但以投入要素扩张带来的增长往往难以长效实现,不能成为长期增长源泉,也与新时代高质量发展理念相悖。相比于规模类指标,效率更强调城市经济活动投入和产出之间的内在联系和比率关系,体现了生产要素的配置水平,反映出要素投入规模一定时的产出能力,因而探究撤县设区(市)对城市经济效率的影响具有更强的现实意义和政策启示。此外,虽然不少文献已经指出撤县设区(市)的政策效应还受城市异质性影响,但相关研究多为定性分析,缺乏必要的数据支撑和实证。同时,虽然已有学者对两种主要的县级行政区划调整方案进行结合分析,但主要集中在识别二者的适用范围和调整方向,鲜有文献从实证角度对撤县设区和撤县设市两类主要县级行政区划调整方式的政策效应及动态趋势展开对比分析。基于此,本章首先从效率视角出发,综合分析撤县设区和撤县设市政策效应的作用机理和影响因素;在此基础上,设计准自然实验,构建双向固定的多期双重差分模型来比较分析两类行政区划调整对城市经济效率的影响及其动态效应和异质性特征,以期为行政区划调整的相关决策提供政策参考和科学依据。

2.1 "市管县"体制下的县级行政区划调整时空演变

20世纪80年代以来,"市管县"体制逐步在全国范围内推广,城市对周边地区的辐射带动作用在该体制下得到加强[20]。但随着中小城市的发展,尤其是县城人口扩张和县域城市化水平提高,传统的"市管县"体制已不能与城市发展需求相适应,适时的行政区划调整成为助推城市发展的重要政策工具。其中,撤县设市和撤县设区是最常见的两类县级行政区划调整方案。撤县设市旨在增加城市数量以及驱动中小城市发展,撤县设区则旨在推动中心城市扩容。除此之外,撤特区、矿区为市辖区,区界重组等也成为县级行政区划调整的重要方法。本章对撤县设市和撤县设区两项主要的县级行政区划调整方式的演变脉络进行梳理后发现,两者存在明显的阶段性特征。结合撤县设区和撤县设市的推进特征,将1983年至2018年间县级行政区划调整分为探索时期、调整时期和优化时期,如图2-1所示。

2.1.1 探索时期:1983—1997年

在县级行政区划调整的探索时期,为适应"控制大城市规模,合理发展

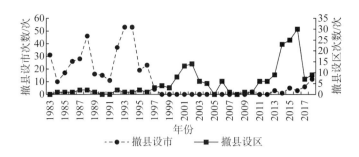

图 2-1 县级行政区划调整的历史演变

中等城市,积极发展小城市"的城市化发展要求,县级市进入高速发展时期。撤县设市是这一时期推动县级市快速增长的重要手段,累计达到 388 例。1983 年,江苏省苏州地区下辖的常熟县改设为市,标志着第一个真正意义上的县级市诞生。同年,全国有 31 个县改为县级市,说明撤县设市政策一经拉开序幕,就迅速进入了政策实施的高峰期。20 世纪 80 年代末到 90 年代初,随着经济发展速度放缓,撤县设市的浪潮有所平息。1992 年撤县设市数量出现反弹。县级市数量的急速增长在全国范围内形成了一大批小城市,促进了国家城市体系的完善。但不少盲目撤县设市的行为导致"虚假城市化"问题严重,为此国家于 1993 年颁布了更加严格的撤县设市新标准,并在 1997 年正式冻结撤县设市政策的实施。这一举措促使各地区通过撤县设区或者区县合并等方式来实现城市化转型,撤县设区开始逐步展开。

2.1.2 调整时期:1998—2012 年

自撤县设市政策被叫停后,为缓解城市土地压力,政府大多采取将周边县或县级市设区的方式来扩大城市规模。因此,1998 年后撤县设区呈现快速增长态势,并在 2000 年至 2002 年期间迎来第一次高峰期,撤县设区数量达到 35 个。但此后,大规模行政区划调整带来的负面影响不断显现,城市长期进行外部拓展很容易造成土地资源的浪费和城市粗放式发展,国家由此逐步收紧了对全国各地撤县设区的审批,2003 年至 2012 年间县级行政区划调整明显降温,该时期撤县设区数量仅有 35 个。各地区将行政区划调整的重点从外部空间扩张逐步转向内部结构优化,通过行政区划调整对城市内部空间进行优化重组,以此提高城市发展活力。

2.1.3 优化时期:2013—2018 年

在优化时期,国家发展和改革委员会明确指出拓展中心城市发展空间的重要性。撤县设区作为推动中心城市扩容、优化城市空间格局的重要手段,迎来了第二波增长热潮。2013 年至 2016 年期间撤县设区数量达到 78

个；而撤县设市虽然在 2013 年重启，但并未出现明显增长趋势。2016 年后，国务院批复同意的撤县设区数量降至个位数，而撤县设市次数则持续上升。2016 年 5 月和 11 月，国务院相继出台了设立县级市标准及县级市申报审核程序（合称"2016 新标准"），所有符合标准的县均可按照标准和程序申请，意味着撤县设市正式解冻。2017 年 4 月，民政部集中批复 6 个县改设县级市，这是依 2016 新标准第一次进行撤县设市，撤县设市自此复苏。近年来，城市化快速发展导致大中小城市布局和人口集聚规模在空间上不断失衡，由此行政区划调整需求也愈加多元化，撤县设市、撤县设区等县级行政区划调整方案并行优化城市空间结构和布局成为未来优化行政区划设置的重要手段。

2.2 撤县设区（市）政策效应的机理分析

作为近 20 年最主要的县级行政区划调整，撤县设区和撤县设市虽然均能够促进地方经济增长，推动城镇化进程，但二者在主要目的和作用机制上存在显著差异。伴随着撤县设区的过程，城市内部行政格局发生变化，将被撤县地区纳入设区市政府的直接管辖范围；同时，地方政府权力分配与施政范围也面临重塑，区域内的经济资源、行政资源与公共资源等得到重新配置。而撤县设市通常以整县改市模式推进，赋予地方政府在行政审批、土地使用、城市规划和税收等方面更多的自主权，推动城市经济发展。

从政策效应的作用机制来看，撤县设区不仅可以通过快速扩大市场规模直接促进经济要素集聚，而且可以通过扩张土地要素来吸引更多劳动力、资本等其他生产要素流入，从而增强中心城市的要素集聚能力，形成规模经济，促进城市经济增长，助推城市结构转型[21-22]。与此同时，撤县设区还显著降低了被撤县地区政府的自主性与独立性，强化了上级政府对所撤县的行政管辖力度，并通过设区市内部行政空间整合，改善城市内部空间模块间的市场分割与管理碎化局面，从而推动区域经济一体化进程，拓宽生产要素流动边界。由于要素禀赋和发展基础差异，原市辖区作为设区市经济、政治、文化中心，往往拥有更高的资本—劳动比，因而劳动力的边际产出更高；而对于资本要素而言，撤县后所形成的新市区则具有更大的发展潜力和更高的投资回报率。伴随行政边界的打破，资本、劳动力等各类资源要素得以在老市区与新市区之间双向流动、互联互通、融合发展，进而改善区域资源配置，激发市场活力，实现城市经济效率的提高[3,10]。

尽管撤县设区是优化城市空间布局、推动区域一体化发展的重要行政手段[23]，但也不可忽视该过程中城市规模盲目扩张、被撤县地区发展激励降低等导致的经济风险[24-25]。若撤县设区带来的区域一体化红利不足以抵消被撤县地区的竞争激励损失，那么撤县设区将可能降低设区市整体的经济效率。从政策作用路径来看，一方面，由于行政边界弱化，在市场的作用下,资本、劳动力等各类生产要素会自发流向投资回报率更高的地方,企业也会向成本低、区位优的区域转移[26];另一方面,由于市场调节的滞后性,撤县设区后,设区市政府也会对生产要素在市域空间的分布进行调控,引导激励资本和产业向新市区流动、转移。因此,中心城市与周边地区的发展差异程度以及设区市政府对资源要素的引导调控能力都是可能影响撤县设区政策效果的重要因素。若市辖区首位度越高,则原市区与被撤县地区的发展程度差异越大,两地要素禀赋差异越大、要素错配程度更高,那么在行政边界打破后,市场的要素调节潜力也会更大,从而获得更多的区域一体化红利,提升设区市整体的经济效率。而调控能力越强则意味着政府在基础设施建设、产业调整、资源配置等领域可以发挥更强的作用。所撤县被纳入设区市管辖范围后,设区市可通过更多的直接投资、政策扶持和产业补贴等方式先于市场地向所撤县注入发展要素,改善大市区范围内资源分布不均、城乡建设不平衡等问题。因此,本章将着重讨论市辖区首位度和政府调控能力对撤县设区政策效应的调节作用。

相较于撤县设区促进行政管理扁平化,通过市内空间格局调整和资源要素重新配置以提高城市经济效率,撤县设市没有打破所撤县与周边地区的行政边界,而是将职能重点从乡村发展转化为城市建设,并给予县级市政府更大的经济管理权力,进而提高县级市的经济发展活力。撤县设市政策下所撤县的经济发展基础较好,且在撤县设市后经济自主权的下放有利于县级市政府在土地规划、城市建设等方面发挥更大的作用,推动县级市产业结构调整和吸引企业、资本等进入,从而提高城市经济效率。但撤县设市的审批标准和现实执行存在诸多问题,存在缺乏城市化基础、发展潜力较弱的县获得大量行政资源的现象,可能造成假性城市化和被动城市化的问题,且撤县设市后各类资源要素仍集中在县级市内,未能实现更大空间内的生产要素流动,可能会加剧市场分割问题。因此,撤县设市可能在短期内提高了城市经济效率,但从长期来看,由于行政效率低下、发展空间有限和资源错配浪费等问题,撤县设市反而会限制县级市的发展。

2.3 撤县设区(市)政策效应的实证研究

2.3.1 研究方法

本章采用双重差分模型来检验县级行政区划调整的政策效应,将研究期内实施撤县设区(市)的设区市作为实验组、未实施的作为对照组,通过比较政策发生前后实验组和对照组之间的差异来检验撤县设区(或撤县设市)对城市经济效率的影响。构建的基准模型如下:

$$UREF_{it} = \alpha_0 + \alpha_1 Treat_i \times Time_{it} + \eta X_{it} + \mu_i + \gamma_t + \varepsilon_{it}$$

式(2-1)

其中，$UREF_{it}$ 表示 i 地区 t 年的城市经济效率；α_0 是常数项；$Treat_i$ 表示政策是否实施的虚拟变量；$Time_{it}$ 表示撤县设区（或撤县设市）实施时间；$Treat_i \times Time_{it}$ 表示二者交互项所形成的政策虚拟变量，即核心解释变量；交互项系数 α_1 衡量了撤县设区（市）对城市经济效率的影响，为模型主要观测系数；X_{it} 表示控制变量集；μ_i 与 γ_t 分别表示地区固定效应与时间固定效应；ε_{it} 为干扰项。

本章的被解释变量为城市经济效率，具体通过数据包络分析（Data Envelopment Analysis, DEA）模型测算所得。本章的核心解释变量为撤县设区（或撤县设市）的政策虚拟变量，即政策是否实施和政策何时实施虚拟变量的交互项（$Treat_i \times Time_{it}$）。为了检验市辖区首位度和政府调控能力对县级行政区划调整政策效应的调节作用，增加这两个变量与政策变量的交互项。其中，以市辖区生产总值占全市的比重表示市辖区首位度；财政收支比反映了设区市政府的财政盈余程度，可以反映城市的政府调控能力。为控制其他因素对城市经济效率的影响，参考相关文献后，本章将控制城市规模、产业结构和对外开放等变量，具体采用常住人口数的自然对数形式、第二产业增加值比重和外商直接投资占国内生产总值比重等指标表征[27-28]。

本章所需的 2003—2018 年 284 个设区市的原始数据均来源于《中国城市统计年鉴》和各省份统计年鉴。考虑到价格因素干扰，本章所需经济类指标均以 2000 年为基期进行平减处理。文中撤县设区、撤县设市信息来自中华人民共和国民政部网站。

2.3.2 撤县设区政策效应的实证结果分析

1）基准回归结果

"撤县设区"对城市经济效率政策效应的估计结果如表 2-1 所示，其中模型（1）汇报了未加控制变量时的回归系数，模型（2）在模型（1）的基础上加入产业结构（INDS）、城市规模（POPR）和对外开放水平（OPEN）等控制变量。结果显示，模型（1）与模型（2）的核心解释变量回归系数分别为 0.043 和 0.036，且分别在 1% 和 5% 的水平上显著，说明总体来看撤县设区的实施可以提高城市经济效率。

在控制变量中，对外开放水平对城市经济效率产生负向影响，但作用效果不显著。这可能是由于外资进入对国内企业生产起到了消极的"挤出效应"[29]，同时外资开放度会降低区域资本配置效率，不利于城市经济效率的提升[30]。第二产业是实体经济的主体部分，它既是国民经济的基础，也可以反映一个地区的经济活力[31]。实证结果表明，第二产业占比的增加有助于经济效率提升，但估计结果没有通过 10% 的显著性检验。此外，由于经济效率分布与要素集聚程度高度相关，因此城市规模扩张所带来的要素集聚对经济效率产生显著的正向影响。

表 2-1　2003—2018 年撤县设区政策效应的基准回归结果

解释变量	被解释变量:UREF		被解释变量:ECNO	
	模型(1)	模型(2)	模型(3)	模型(4)
$Treat_i \times Time_{it}$	0.043*** (2.72)	0.036** (2.34)	0.076*** (5.23)	0.065*** (4.81)
INDS	—	0.132 (1.48)	—	0.069 (0.98)
POPR	—	0.228*** (3.77)	—	0.256*** (4.40)
OPEN	—	−0.362 (−1.46)	—	−0.649*** (−2.72)
常数项	0.452*** (55.39)	−1.451*** (−2.91)	0.480*** (65.99)	−1.615*** (−3.35)
样本数(N)/个	4 544	4 544	4 544	4 544
地区固定效应	YES	YES	YES	YES
年份固定效应	YES	YES	YES	YES

注：*、**、*** 分别表示 10%、5%、1% 的显著性水平。系数下括号内为使用城市水平聚类标准差计算的 t 值(t 统计量)。UREF 为城市经济效率。ECNO 为人均 GDP。YES 是指模型中包含了地区固定效应或年份固定效应。下同。

2) 稳健性检验

(1) 共同趋势检验。采用双重差分法的重要前提就是共同趋势假定[32]，即要求处理组与控制组的城市经济效率在撤县设区政策实施前具有相似的变动趋势。为了进一步检验处理组和对照组的城市经济效率在政策冲击前是否具有共同趋势，本章构建如下模型：

$$UREF_{it} = \alpha_0 + \sum_{k=-13}^{12} \alpha_k Treat_i \times D_{it}^k + \eta X_{it} + \mu_i + \gamma_t + \varepsilon_{it} \quad \text{式(2-2)}$$

其中，D_{it}^k 是虚拟变量，在受到撤县设区政策冲击后的第 k 年取值为 1，其余均为 0(若 $k<0$，则为政策冲击前的第 $|k|$ 年)。由图 2-2 所展示的回归结果可知，回归系数 α_k 在政策冲击前均在 0 值附近波动且未能通过显著性检验；而在政策冲击后呈增长趋势。因而，在撤县设区政策实施前，处理组与对照组不存在显著差异。由此可以认为，政策效应不是由于撤县设区前处理组与对照组之间存在的差异所致，满足双重差分法所需的共同趋势假设。

(2) 安慰剂检验。为检验撤县设区所带来的城市经济效率提升是否由其他因素引起，本章通过随机改变实验组个体与政策冲击时间的方式来验证模型回归结果是否稳健。在检验过程中，若回归系数在统计上显著偏离于 0，则表明模型设定存在偏误；若未显著偏离于 0 则可以认为不存在遗

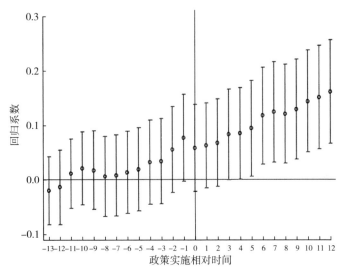

图 2-2 撤县设区对城市经济效率影响的共同趋势检验和动态效应分析

注：政策实施相对时间以政策实施当年为 0，政策实施后为正数，实施前为负数。下同。

漏变量偏差。由图 2-3 所展示进行 500 次重复回归的安慰剂检验结果可知，随机生成的估计系数近似于均值为 0 的正态分布，且绝大部分系数的 p 值大于 0.1，说明前文的实证结果稳健，撤县设区可以显著提高城市经济效率。

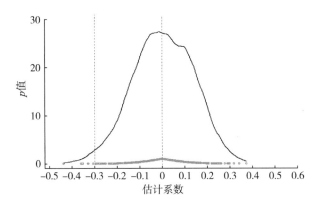

图 2-3 撤县设区对城市经济效率影响的安慰剂检验

（3）更换被解释变量。进一步通过更换被解释变量来验证模型结果的稳健性。在测算城市经济效率的 DEA 模型中剔除建设用地面积和全社会用电量等资源要素投入，而仅将资本和劳动力等传统经济要素作为投入变量来重新测度城市经济效率，并作为替代性被解释变量带入基准模型进行检验，其回归系数如表 2-1 中的模型（3）、模型（4）所示。从检验结果来看，无论是否加入控制变量，核心解释变量 $Treat_i \times Time_{it}$ 的估计系数均在 1% 水平上显著为正，与原模型结果一致，说明撤县设区可以促进城市经济效率提升的结论是稳健的。

3) 动态效应分析

虽然前文已经证实撤县设区可以显著提升城市经济效率,但尚不能回应学界对撤县设区政策效应长效性的质疑。由图 2-2 汇报的动态效应检验结果可知,尽管撤县设区对城市经济效率的影响方向一直为正,但在政策实施后的第 4 年开始,回归系数的估计结果才可以持续通过稳健性检验。这说明撤县设区对城市经济效率的促进作用存在滞后性,该结果与庄汝龙等[3]的研究结论一致。而随着时间的推移,在撤县设区实施的第 4 年起,该政策对城市经济效率的影响系数总体呈现上升趋势,未出现邵朝对等[11]从增长视角研究撤县设区政策效应时所出现的倒 U 字形轨迹。

为了方便与已有文献比较,进一步采用人均地区生产总值的自然对数形式代替城市经济效率作为被解释变量代入基准模型和动态效应模型进行估计。在控制变量的情况下,结果与多数已有文献的结论一致,即撤县设区会显著促进人均地区生产总值的增长。而图 2-4 汇报的结果则表明,撤县设区对人均地区生产总值的促进作用在第 3 期开始显著,且效果逐步增强;但随着时间的推移,在政策发生的第 7 年后,撤县设区对人均地区生产总值的促进效果趋于收敛。该结果与李郇等[10]、邵朝对等[11]对撤县设区产出效应长效性的质疑一致,这说明本章所采用的研究方法是稳健的,同时也说明撤县设区对经济效率和经济产出的影响特征有所差异。从政策效应发生时间来看,撤县设区对经济效率的促进比对经济产出略微滞后;从政策效应动态演变来看,在撤县设区发生的第 7 年后,该政策对经济产出的促进作用区域收敛,而对城市经济效率的正向影响一直呈现波动上升趋势。这说明相比于经济产出,撤县设区对经济效率的影响具有滞后性和长效性。究其原因,撤县设区实施后,设区市空间范围内的部分行政壁垒被打破,生产要素在政府和市场的共同作用下加速流动。而资本作为关键生产要素,需要以基础设施、固定资产、先进技术等形式参与生产过程。尽管资本可以作为投资在较短时间内到账并体现在地区生产总值中,但由于基础设施建设、固定资产安装和技术研发等具有一定的周期性,并不能在短期内真实进入生产,因此资本的重新配置具有时间滞后性。从政府调控措施来看,连接新老城区的快速通道等基础设施建设是撤县设区后政府推进区域一体化的主要措施之一,但这一过程包括从规划、审批到征地、施工等流程,对经济效率的促进需较长周期。同时,基础设施建设需要到达一定规模后才能发挥对生产经营的服务和促进作用,进一步带动产业协同和集聚,提高要素配置效率。从市场调节作用来看,尽管行政壁垒的打破降低了资本、劳动力和企业等资源要素的空间转移难度,但生产要素流动和企业搬迁还受生产成本和市场距离等其他因素影响,而这又依赖于区域基础设施水平。此外,企业搬迁同样具有较长周期,尽管新厂房建设和新设备购置在短期内带来了地区生产总值的增长,但尚未改变生产效率,因此撤县设区对于经济效率的促进作用会滞后于经济增长。需要注意的是,从长期来看,虽然撤县设区对增长的促进作用趋于收敛,但对于资源配置和使用效率的提高具有长远影响。与短期经济增长收益相比,撤县设区对城市经济效率的稳定促进作用对于区域可持续发展更具现实意义。

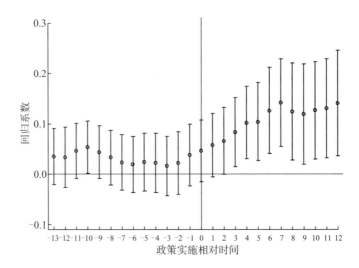

图 2-4 撤县设区对人均地区生产总值的动态影响

2.3.3 撤县设市政策效应的实证结果分析

1) 基准回归结果

由上述结论可知,撤县设区通过打破新老城区的行政壁垒以促进资本、劳动力等各类资源要素在老市区与新市区之间双向流动、互联互通、融合发展,进而改善区域资源配置,激发市场活力,实现城市经济效率的提高。而撤县设市以下放行政权力与经济资源为手段激励县级市经济社会发展,旨在推进中小城市发展,并未弱化所撤县与中心城区的行政边界,能否提高城市经济效率有待考证。因此,本章对撤县设区与撤县设市对城市经济效率的影响及动态效应进行对比分析,探究两类县级行政区划调整方案的政策效应差异性。

表 2-2 报告了撤县设市对城市经济效率政策效应的基准回归结果。结果显示,模型(5)的核心解释变量并未通过显著性检验。加入产业结构(INDS)、城市规模(POPR)和对外开放水平(OPEN)等控制变量后,模型(6)显示撤县设市政策的估计系数在10%水平下显著为正,这意味着在控制变量的情况下,撤县设市政策显著提升了城市经济效率。

2) 共同趋势检验、动态效应及其与撤县设区的比较

为了检验撤县设市政策下处理组和对照组的城市经济效率在政策冲击前是否具有共同趋势,本章利用式(2-2)对其政策效果进行共同趋势检验,如图2-5所示。由图可知,在撤县设市政策实施前,估计系数基本正向显著并呈波动上升趋势,明显未通过共同趋势检验。但由此可推断所撤县在政策实施前经济发展形势看好并且经济效率已处于较高水平的状态,符

合撤县设市选取经济发展好的县落实政策的标准[16]。

表2-2 2003—2018年撤县设市政策效应的基准回归结果

解释变量	被解释变量:UREF	
	模型(5)	模型(6)
$Treat_i \times Time_{it}$	0.044 (1.48)	0.051* (1.74)
INDS	—	0.123 (1.35)
POPR	—	0.237*** (3.88)
OPEN	—	−0.419* (−1.67)
常数项	0.453*** (55.40)	−1.512*** (−3.01)
样本数(N)/个	4 544	4 544
地区固定效应	YES	YES
年份固定效应	YES	YES

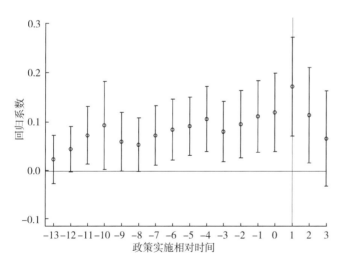

图2-5 撤县设市对城市经济效率影响的共同趋势检验和动态效应分析

在政策冲击年后,撤县设市虽然短暂提高了城市经济效率,但后两年呈下行趋势,政策效应逐渐减弱,没有形成对城市经济效率的长期激励作用。而相较于撤县设市长期的政策效应弱化,撤县设区对城市经济效率则滞后几年起到显著的正向作用。究其原因,可能是由撤县设市和撤县设区不同的城市经济效率增长路径导致的。撤县设市使政府职能由乡村发展转变为城市建设。一方面,通过下放行政审批权、土地资源控制权等,利用增加的土地审批权、建设用地指标、城市维护建设税适用税率获取更多的财政资金,以支持城市基础设施建设,从而对县市的经济表现产生推动作用。另一方面,县级市往往比县更具有招商引资的优势,通过拓展投资渠道、投资方式多元化,粗放地实现经济增长,短期内拉升城市经济效率。但由于撤县设市政策本质上以增加中小城市数量为主要目的,虽然在一定程度上扫除了县城扩张发展时在行政和经济权限上的障碍,但没有打破行政边界的壁垒,交通、基础设施、厂房设备仍集中在县级市内,并未实现更大空间内的生产要素和资源的自由流动,对劳动力结构、市场规模等的实质性改善并不显著[33];同时粗放的外部干预极易引起资源、要素的错配和浪费,导致政策难以促进城市经济效率长期的可持续增长。而撤县设区作为一种整合式的行政区划调整,更加关注城区空间的有效扩大。撤县设区打破了地级市和县市的部门财权、人事权等的独立性,变更为设区市后接受市里的统筹安排,进一步扩大了市政府行政辖区的范围,利于减少行政层级间的摩擦,打破行政壁垒,形成新的管理模式;同时弱化先前市场分割问题,整合行政辖区内的各种资源,促进生产要素流动和区域市场一体化,实现要素、资源的自由流动和优化配置,进而驱动城市经济效率的提高,具有长期的激励作用。

2.3.4 政府调控和市辖区首位度对撤县设区政策效应的影响

由前文实证分析可知,撤县设区可以显著促进城市经济效率的提升。而撤县设市的政策效应未通过平行趋势检验,说明在控制变量的情况下,撤县设市虽然能够提高城市经济效率,但是该结果并不稳健。因此,本章仅对结果具有稳健性的撤县设区政策效应展开进一步讨论,依据式(2-2)检验市辖区首位度和政府调控能力是否对撤县设区的政策效应发挥调节作用,结果如表2-3所示。

表2-3 撤县设区对城市经济效率影响的调节效应

变量	UREF	
	模型(7)	模型(8)
$Treat_i \times Time_{it}$	−0.011 (−0.84)	−0.002 (−0.18)
政府调控能力	0.089** (1.98)	—

续表 2-3

变量	UREF	
	模型(7)	模型(8)
市辖区首位度	—	−0.159** (−2.54)
Interact1	0.218*** (3.92)	—
Interact2	—	0.299*** (5.37)
样本数(N)/个	4 544	4 544
控制变量	YES	YES
地区固定效应	YES	YES
年份固定效应	YES	YES

注：Interact1 是指政策实施与政府调控能力的交互项；Interact2 是指政策实施与市辖区首位度的交互项。

1）政府调控能力

模型(7)中，Interact1 在 1% 水平上正向显著，说明政府调控能力越强的地区撤县设区对城市经济效率的政策效应也越强。从政府调控能力的回归系数来看，其在对撤县设区的政策效应发挥显著正向调节作用的同时，本身对城市经济效率也呈现显著正向影响，说明政府在我国城市经济发展中发挥着重要的引导作用。需要注意的是，在模型中同时加入调节变量以及调节变量与核心解释变量的交互项后，政策虚拟变量的估计系数由正转负，这说明撤县设区的政策效应高度依赖于政府调控能力的调节。究其原因，撤县设区政策效应发生的主要动因是打破了原有行政区划边界，这一过程在扩大中心城市空间范围实现规模经济的同时也在促进新老市区间的要素流动、优化资源空间配置，进而促进城市经济效率提升。财政预算盈余意味着政府可以通过设施建设、直接投资与产业规划等综合手段引导资本、产业等资源要素的流动方向与空间布局。而在政府调控能力较弱的情况下，市场在区域内和区域间的要素流动、资源配置方面比政府发挥更强作用，既有的行政边界较为模糊，行政区划调整前新老市区间的生产要素已经处于较优配置状态。因此，撤县设区不但难以给城市经济效率带来红利，相反，其过程中所伴随的发展激励削弱、机构调整成本增加等因素反而会对提升城市经济效率产生不利影响。

2）市辖区首位度

由模型(8)的估计结果可知，市辖区首位度和政策虚拟变量交互项的回归系数为 0.299，且通过了 1% 水平的显著性检验，而政策虚拟变量本身不再显著促进城市效率的提升。这意味着撤县设区对城市经济效率的提升作用受市辖区首位度的积极影响，且对其具有较高依赖。相比之下，市辖区首位度本身对城市经济效率的影响却显著为负。市辖区首位度越高则说明中心城区在市域范围内的经济份额越大,其与周边地区的资源禀赋差异越大,市域整体发展不均衡程度也越高。要素在中心城市的高度集聚可能会加剧市域资源错配问题,抑制周边地区的经济活力,从而阻碍城市整体经济效率的发展。而随着新老城区之间行政边界的弱化,区域间的互联互通水平得到提高,阻碍市场调节生产要素空间格局的壁垒被打破。那么原本中心城区的生产要素越集聚、与周边地区的发展势差越大,则资本、土地等生产要素在新老城区之间的边际收益差距越大,要素跨区重配的需求更强、潜力更大,因此撤县设区红利效应也更强。

2.3.5 其他因素对撤县设区政策效应的调节效应分析

由于撤县设区的发展驱动效应在不同城市间具有潜在的差异,基于总体观测样本的分析可能会忽略不同城市间差异产生的影响。因此,为了避免该问题的发生,本章在城市规模、城市等级、城市定位、文明城市建设、城市教育五种条件下,分别构建了不同条件城市与撤县设区政策实施的交互项 $Interact3$ 至 $Interact7$,并依次分析其对城市经济效率的异质性影响。

其中,城市规模以设区市常住人口表征,并在构建交互项时进行中心化处理;城市等级的划分考虑到行政等级和区位优势等因素,参照省会、直辖市、计划单列市以及其他城市的划分方法,将省会、直辖市和计划单列市划分为高等级城市(32 个),将其他城市划分为一般城市(252 个);城市定位的划分标准依据《全国资源型城市可持续发展规划(2013—2020 年)》,将样本划分为资源型城市(114 个)和非资源型城市(170 个)两种组别;基于全国文明城市名单,将设区市划分为文明城市(100 个)和非文明城市(184 个);同时,城市教育的划分依据参考该城市是否有 211 及以上高校,基于此将样本划分为高等教育型(35 个)与一般教育型(249 个)两个组别。表 2-4 展示了加入城市规模、城市等级、城市定位等 5 项交互项的回归结果。

表 2-4 其他因素对撤县设区政策效应的调节效应分析

变量	UREF				
	模型(9)	模型(10)	模型(11)	模型(12)	模型(13)
$Treat_i \times Time_{it}$	−0.914 7*** (−5.04)	−0.010 8 (−0.80)	0.026 4* (1.96)	0.025 0* (1.73)	0.003 1 (0.28)
$Interact3$	0.111 1*** (5.14)	—	—	—	—
$Interact4$	—	0.183 9*** (6.25)			

续表 2-4

变量	UREF				
	模型(9)	模型(10)	模型(11)	模型(12)	模型(13)
Interact5	—	—	0.976 5*** (73.89)	—	—
Interact6	—	—	—	0.207 1*** (6.17)	—
Interact7	—	—	—	—	1.086 5*** (26.02)
样本数(N)/个	4 544	4 544	4 544	4 544	4 544
控制变量	YES	YES	YES	YES	YES
地区固定效应	YES	YES	YES	YES	YES
年份固定效应	YES	YES	YES	YES	YES

从城市规模来看，政策虚拟变量的估计系数由正转负，而 Interact3 的估计系数为正显著。从交互项系数可看出，相较于中小城市，在大城市实施撤县设区政策对城市经济效率的正向效应更为明显。大城市拥有明显的经济集聚和要素规模优势，撤县设区后有利于发挥中心城区的经济辐射和带动作用，促进新老城区之间的市场融合和要素流动，推动城市经济效率提高。从城市等级来看，政策虚拟变量的估计系数由正转负，不再显著促进城市经济效率的提升，但 Interact4 的估计系数显著为正，说明撤县设区对城市经济效率提升的驱动效应主要体现在等级较高的城市。在我国行政等级体系下，行政资源配置是城市经济发展的重要推手，高等级城市依靠行政等级优势拥有更强的资源获取能力，在撤县设区过程中以充足的财政资金支持新区建设，更有利于提高城市经济效率。从城市定位来看，政策虚拟变量的回归系数显著为正，并且 Interact5 的估计系数也显著为正，表明撤县设区对资源型城市的经济效率提高更具有积极作用。资源型城市可能面临资源枯竭、要素匮乏和市场僵化等问题，通过撤县设区优化城市空间结构的同时能够促进要素流动与产业调整，从而推动地区可持续发展，对城市经济效率提升更具显著意义。从文明城市建设来看，政策虚拟变量的估计系数为正显著，并且 Interact6 的估计系数也通过了 1% 的显著性检验，表现为对撤县设区政策效应的正向作用，说明文明城市实施撤县设区政策具有更积极的政策效应。相较于非文明城市，文明城市拥有良好的经济基础和社会环境，在撤县设区政策的冲击下，高水平的城市建设与治理更有利于要素的优化配置，推动城市经济效率的提高。从城市教育来看，政策虚拟变量的估计系数转为正不显著，但 Interact7 的估计系数显著为正，表明撤县设区对高等教育型设区市城市经济效率提高的驱动效应

更强。高等教育型城市对高技术人才具有吸引力,因此撤县设区后高质量劳动力的流入为城市经济发展提供持续动力,为经济效率提高带来显著的积极效应。

2.4 我国县级行政区划调整的优化路径

随着社会经济和城镇化的持续快速发展,推进县级行政区划调整的优化有助于城市整合要素资源,提高行政管理效率,拉动经济发展。结合实证结果,本章研究认为未来县级行政区划调整的优化路径应主要包括以下三个方面:

第一,灵活使用行政区划调整工具,推进城市经济高质量发展。作为最常见的县级区划变动,本章的研究结果证实了撤县设区对城市经济效率显著而长效的促进作用。在目前"市管县"体制框架下,市区与邻近辖县之间的行政壁垒和经济壁垒广泛存在[20],限制了资源要素的跨域流动,既不利于城市经济的充分发展,也有碍设区市整体的平衡发展。而撤县设区则可以通过弱化市域范围内的部分行政壁垒,统筹城市发展思路规划,改善区域经济空间结构,拓宽生产要素流动边界,从而优化资源要素配置,提高经济运行效率,激发城市发展活力。这对于原市辖区要素资源高度集聚且发展空间受限的设区市而言尤为必要。从撤县设区和撤县设市对城市经济效率的动态效应对比来看,撤县设区虽然在政策实施后的第4年开始才对城市经济效率产生显著影响,但一直呈现波动上升趋势;而撤县设市对城市经济效率的动态效应呈现不显著状态,且在政策实施后显著下降。这说明撤县设区对拓展城市发展空间、提高城市经济效率具有长期正向影响,而撤县设市政策虽然可以短期拉升城市经济效率,但由于新设立的县级市可能存在距离中心城市较远、人口规模偏低、基础设施落后等问题,从长期来看难以受到中心城市的辐射作用,阻碍要素自由流动,不利于发挥集聚优势,反而削弱了所撤县原本向好的经济发展的势头。因此,虽然促进中小城市发展是新型城镇化推进的重要方面,但不能过度依赖撤县设市政策以扩大所撤县的行政管理权限和吸引投资,强行通过行政手段转变城市地位和发展方向反而会造成"虚假城市化"问题,阻碍城市经济发展。城市发展应更加注重在行政手段的推动下实现区域间基础设施的互联互通与共享共用,发挥市场对人口、资本等要素流动的调节作用,实现一体化发展。

第二,建立健全撤县设区等行政区划调整的规范标准与审批机制。尽管撤县设区可以显著提高城市经济效率,但其政策实施效果对于不同城市具有显著的异质性特征。从本章关注的调节变量来看,政府调控能力和市辖区首位度均会在撤县设区与城市经济效率的关系中起到关键作用;而其他研究还证明了撤县设区的政策实施效果会受县市地理位置[13]、城市规模[14]等因素影响。从政府调控和市场调节来看,需要注意的是,撤县设区过程也会带来被撤县地区的竞争激励损失,存在经济风险。因此,设区市政府应结合自身市情市况,因地、因时提出撤县设区等行政区划调整申请;而上级行政管理部门则应对各地财政状况、城区规模、市县关系以及其他自然禀赋和经济社会发展基础进行综合考察,在系统评估和衡量行政区划调整的成本和收益后进行行政决策。而在行政区划调整决策前,城市实施县级行政区划调整潜力的识别结果也具有借鉴意义。因此,基于实证分析结果,以设区市的政府调控能力和市场调节能力强弱作为该地区是否具有县级行政区划调整潜力的判断因素。

第三,协同发挥政府调控职能和市场调节作用,保障和增强撤县设区的政策实施效果。撤县设区作为优化经济空间格局、促进城市经济发展的重要手段,归根到底只是为城市发展破除了行政壁垒障碍、改善了外部发展环境,其对区域经济增长和城市效率提升的政策效果还是依赖于市场调节和政府调控效果。由本章实证结果可知,政府调控能力强说明政府财政预算盈余,能够在设施建设、产业规划等方面发挥更强的调控作用;而市辖区首位度越高则说明中心城区与周边地区的资源禀赋差异越大,要素跨区重配的需求更强、潜力更大,在新老城区之间的行政壁垒弱化之后市场在区域内和区域间的要素流动、资源配置方面能发挥更强的作用。动态效应结果显示,撤县设区在实施后的第 4 年才开始显著促进城市经济效率提升。应尽量缩短撤县设区的"过渡期",统筹优化新老市区产业政策和企业准入标准,加快行政审批、城市规划、金融市场、人才选培和社会服务的一体化、同城化管理进程,优化基础设施,激发市场活力,形成撤县设区后政府为主导、市场为主体的资源要素重配体系。这将有利于缩短撤县设区政策效应的滞后期。

2.5 研究结论

撤县设区和撤县设市等县级行政区划调整政策是现阶段我国优化行政区划设置、增强空间治理能力和推进国土空间高效开发的重要抓手。本章首先系统梳理并综合分析撤县设区和撤县设市对城市经济效率的政策效应机理和影响因素;其次构建双向固定的多期双重差分模型,基于 2003—2018 年 284 个设区市面板数据实证研究撤县设区和撤县设市对城市经济效率的作用效果及其动态演进规律,并对二者的政策效果与动态趋势进行对比分析;最后在此基础上,检验分析政府调控能力与市辖区首位度对撤县设区政策效应的调节作用。

第一,撤县设区能显著促进城市经济效率提升。实证结果显示,在考虑控制变量后撤县设区可以使城市经济效率提高约 0.036,该结果通过了共同趋势检验和安慰剂检验;在控制变量中,第二产业占比和城市人口规模均有利于城市经济效率提升,而对外开放则发挥抑制作用;在更换城市经济效率测度指标后,上述结论依旧成立。

第二,比较对经济产出的影响,撤县设区对经济效率的促进作用具有滞后性和长效性。计算结果表明,从撤县设区发生后的第 4 年开始,城市经济效率出现显著提升,且政策效应作用程度总体呈波动上升趋势。从长期来看,虽然撤县设区对增长的促进作用趋于收敛,但对于资源配置和使用效率的提高具有长远影响。

第三,相比撤县设区,撤县设市对经济效率的促进作用不具有可持续性。考虑控制变量时,两类县级行政区划调整方式均对城市经济效率有显著正向影响,但撤县设市的政策效应并未通过共同趋势检验且在撤县设市发生后的第 1 年便开始明显减弱,而撤县设区对城市经济效率的正向影响则呈持续上升趋势。

第四,政府调控能力和市辖区首位度在撤县设区与城市经济效率的关系中都发挥显著正向调节作用。在加入调节变量及其与核心解释变量的交互项后,政策虚拟变量的估计系数均由正转负,说明撤县设区的政策效果高度依赖上述两个因素;而政府调控能力和市辖区首位度本身对城市经济效率的影响分别呈促进和抑制作用。

第五,城市规模、城市等级、城市定位、文明城市建设和城市教育对撤县设区政策效果均具有显著影响。其中,大城市、高等级城市、资源型城市、文明城市和高等教育型城市实施撤县设区对提升城市经济效率更具积极作用。

第六,结合实证分析提出我国县级行政区划调整的优化路径。各级政府应灵活使用行政区划调整工具,建立健全撤县设区等行政区划调整的规范标准与审批机制,以推动城市经济高质量发展。同时,协同发挥政府调控职能和市场调节作用,保障和增强县级行政区划调整的政策实施效果。

(执笔人:姜明栋)

第 2 章参考文献

[1] 王开泳,陈田,刘毅."行政区划本身也是一种重要资源"的理论创新与应用[J].地理研究,2019,38(2):195-206.

[2] 张可云,李晨. 新中国 70 年行政区划调整的历程、特征与展望[J]. 社会科学辑刊,2021(1):118-128,2.

[3] 庄汝龙,李光勤,梁龙武,等. 撤县设区与区域经济发展:基于双重差分方法的政策评估[J]. 地理研究,2020,39(6):1386-1400.

[4] 郭其友,汪阳."撤县设区"的区域经济平衡增长效应的研究[J]. 南京社会科学,2020(9):39-48.

[5] 聂伟,陆军,周文通. 撤县设区改革影响撤并县域人口城镇化的机制研究:基于中心—外围城区资源配置视角[J]. 人口与发展,2019,25(3):2-13.

[6] 邓慧慧,潘雪婷."大国大城"如何带动产业升级:来自撤县设区的经验证据[J]. 世界经济文汇,2020(6):88-103.

[7] 唐为,王媛. 行政区划调整与人口城市化:来自撤县设区的经验证据[J]. 经济研究,2015,50(9):72-85.

[8] 钱金保,邱雪情. "撤县设区"如何影响财政收支:基于激励视角的再研究[J]. 南方经济,2019(8):72-84.

[9] 梁志艳,赵勇. 撤县设区是否提高了城市公共服务水平:基于双重差分倾向得分匹配法的评价[J]. 城市与环境研究,2019(1):49-59.

[10] 李郇,徐现祥. 中国撤县(市)设区对城市经济增长的影响分析[J]. 地理学报,2015,70(8):1202-1214.

[11] 邵朝对,苏丹妮,包群. 中国式分权下撤县设区的增长绩效评估[J]. 世界经济,2018,41(10):101-125.

[12] 高琳. 快速城市化进程中的"撤县设区":主动适应与被动调整[J]. 经济地理,2011,31(4):573-577.

[13] 杨桐彬,朱英明,周波. 行政区划调整对城市化发展失衡的影响:基于撤县设区的准自然实验[J]. 现代财经(天津财经大学学报),2020,40(8):88-99.

[14] 赵聚军. 我国市辖区行政区划调整导向的合流与分野[J]. 天津社会科学,2018(1):77-83.

[15] 万陆,李璐瑶. 中国撤县设区政策的区域一体化效果评估[J]. 郑州大学学报(哲学社会科学版),2018,51(6):77-81.

[16] 范逢春,周淼然. 撤县设市政策的变迁:历程、逻辑与展望:基于历史制度主义的分析[J]. 北京行政学院学报,2021(5):64-71.

[17] 唐为. 经济分权与中小城市发展:基于撤县设市的政策效果分析[J]. 经济学(季刊),2019,18(1):123-150.

[18] 邢健. 撤县设市改革的制度绩效与路径选择:基于湖北省66个县的实证研究[J]. 武汉理工大学学报(社会科学版),2018,31(3):86-94.

[19] 刘晨晖,陈长石. 撤县设市、行政扩权与经济增长:基于断点回归方法的估计[J]. 经济评论,2019(2):154-168.

[20] 叶敏. 增长驱动、城市化战略与市管县体制变迁[J]. 公共管理学报,2012,9(2):33-41,123.

[21] KRUGMAN P. Increasing returns and economic geography[J]. Journal of political economy,1999,99(3):483-499.

[22] TANG W,HEWINGS G J D. Do city-county mergers in China promote local economic development[J]. Economics of transition,2017,25(3):439-469.

[23] 纪小乐,魏建,李欣泽. 撤县设区 VS. 切块扩区:地级市扩大市辖区经济发展效应的实证研究[J]. 广东社会科学,2018(6):46-57.

[24] 范毅,冯奎. 行政区划调整与城镇化发展[J]. 经济社会体制比较,2017(6):66-73.

[25] 吉黎,邹埴埸. 撤县设区后地方财力增强了吗[J]. 财政研究,2019(12):61-74,86.

[26] BOSKER M,BURINGH E. City seeds:geography and the origins of the European city system[J]. Journal of urban economics,2017,98(3):139-157.

[27] 李汝资,刘耀彬,谢德金. 中国产业结构变迁中的经济效率演进及影响因素[J]. 地理学报,2017,72(12):2179-2198.

[28] SONG X Q, FENG Q, XIA F Z, et al. Impacts of changing urban land-use structure on sustainable city growth in China: a population-density dynamics perspective[J]. Habitat international,2021,107:102296.

[29] 贺灿飞,潘峰华,尹薇. 产业联系与外资溢出效应:对浙江省制造业的实证研究[J]. 人文地理,2008,23(6):60-65.

[30] 张中元. 对外经济开放、金融危机对中国资本配置效率的影响[J]. 经济理论与经济管理,2013(9):87-99.

[31] 黄群慧. 论新时期中国实体经济的发展[J]. 中国工业经济,2017(9):5-24.

[32] 刘瑞明,赵仁杰. 西部大开发:增长驱动还是政策陷阱:基于PSM-DID方法的研究[J]. 中国工业经济,2015(6):32-43.

[33] 李永涛,刘洪钟. 行政分权对公共支出的影响:基于"扩权强县"准实验分析[J]. 经济评论,2018(1):120-133.

第2章图表来源

图 2-1 源自:笔者根据中华人民共和国民政部网站公布的行政区划调整信息整理绘制.

图 2-2 至图 2-5 源自:笔者根据本章计算结果绘制.

表 2-1 至表 2-4 源自:笔者根据回归结果绘制.

3 "强省会"战略对经济增长和区域差距的影响

省域是中国各种区域战略得以落实的重要空间依托,"强省会"战略则是近年来多个省份甚至东部地区的省份纷纷实施的一种发展战略,主要是以省会城市(本章所指的省会城市包括5个少数民族自治区的首府)为核心,通过"以点带面"的方式充分发挥其辐射引领作用,促进全省经济增长。目前越来越多的省份加入了实施强省会战略的队伍,2022年又有5个省(云南、湖南、甘肃、福建和江西)在政府工作报告中首次明确实施强省会战略。可以预估的是强省会战略很可能将是未来一段时间内区域经济发展和区域竞争的主要政策。

当前促进省会城市壮大主要有两种思路:一是行政主导,即主要通过行政区划的合并调整或者代管、外延式扩容来提高省会城市的经济实力、城市规模和人口数量等。2011年和2019年,合肥和济南分别通过合并巢湖部分地区和莱芜市来壮大省会城市,是通过行政区划调整强省会的先行者。2016年、2017年和2020年,成都、西安和长春分别代管了县级简阳市、西咸新区和县级公主岭市等等。二是市场主导,即不直接采用行政手段,通过吸引人口、资金、能源等流动要素资源向省会城市集中。根据第七次全国人口普查数据可知,多个省会城市人口在过去10年快速增长。当然,一些非市场的行政政策尤其是向省会城市倾斜的政策也会使得要素向省会城市集聚。

强省会战略的首要目的就在于通过提升省会城市的发展能级来引领全域经济发展。一般认为,要素向中心城市聚集有助于形成集聚经济,进而促使其成长为区域核心增长极,相应地其资源配置能力、人才集聚能力、竞争话语权实现跃升。中西部省份还希冀通过强省会战略实现欠发达地区的追赶超越。一种流行的观点认为,对于相对欠发达的省份,只有通过做强省会城市,才能在区域竞争中抢占要素资源,参与更高水平的竞争与合作。如果没有大的城市支撑,不仅不能吸引人口和产业落户集聚,而且本地资源也会大量向外流失。当然,随着省会城市的规模膨胀,其对区域内其他地市的虹吸效应也愈加明显,要素资源向省会城市集中可能会加剧区域不平衡。这也是目前实施强省会战略最大的担忧,省会城市的虹吸效应造成了地市发展的困境。从理论上看,中心城市不仅有虹吸效应,随着城市能级的提高其辐射带动的外溢效应也会不断提升,因而缩小区域差距有可能带动整个区域的发展。

因此,省会城市壮大不仅取决于市场力量,行政区划的推动作用也十分重要。本章就拟结合省会城市的行政边界扩张、省域人口空间极化分布,系统分析省会城市扩张对省域经济发展和区域差距的影响。

3.1 省会城市行政扩张对经济增长的影响

3.1.1 省会城市行政区划调整的基本情况

迄今为止,我国共有27个省会城市(包括5个少数民族自治地区的首府,但不包括直辖市和港澳台地区),且自1978年以来经历了157次行政区划调整(不包括城市整体的调整,如被设置为副省级城市等)。调整高峰年份分别是1983年、1988年、2002年和2015年。整体而言,基本每隔10年左右省会城市会有一轮高频率的行政区划调整。东部的省会城市调整最多,且贯穿于改革开放的过程。中部地区省份的城市行政区划调整高峰主要发生在1983—2015年之间。而西部地区省会城市调整在近期频率最高(图3-1)。

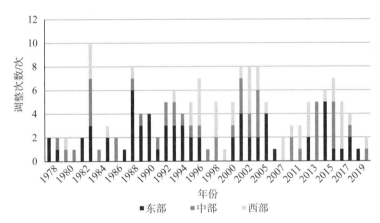

图 3-1 省会城市行政区划调整年份分布

注:2003年、2009年和2010年没有省会城市发生行政区划调整。

省会城市的行政区划调整类型主要包括:县市改区(114次,包括33次县市部分街道改区)、区界重组(73次)、辖区外县市兼并(29次)和撤县设市(19次)。这四种主要的行政区划调整类型在时间上呈现一定规律。辖区外县市兼并主要发生在改革开放初期,而后辖区边界基本稳定。由于中央在1997年冻结县改市,省会城市的撤县设市集中在1988—1995年。此后撤县(市)设区则盛行一时,2003年民政部门提高了撤县设区的标准,行政区划调整的重点又从撤县(市)设区转向区界重组,2014年以后撤县(市)设区又越来越多的涌现。

近些年,省会城市以撤县(市)设区为特点的扩张型区划调整引起了广泛的关注。2011年,安徽省"三分巢湖",将地级巢湖市拆分,原地级巢湖市的居巢区、庐江县被划归合肥。2014年,浙江省提出"杭州兴则全省兴、杭州强则全省强",并将原县级富阳市撤销设立杭州市富阳区;2017年,原县级临安市被撤销,设立临安区。2016年,成都市撤销双流县,设立双流区,并代管县级简阳市;2020年,新津县被撤销,设立新津区。2019年,山东省会济南市兼并莱芜市;西宁市撤销湟中县设立湟中区。2020年,长春市代管县级公主岭市。综合来看,2000年至今,发生过省会城市行政边界扩张的省份主要包括(表3-1)宁夏(2002年)、海南(2002年)、广西(2002年)、新疆(2007年)、安徽(2011年)、四川(2016年)、山东(2019年)和吉林(2020年)。

表3-1 2000以来省会城市行政边界扩张

省份	省会	年份	具体变动	对应行政区域缩减城市
宁夏	银川	2002	将灵武市由吴忠市代管变更为银川市代管	吴忠市
海南	海口	2002	撤销海南省琼山市和海口市秀英区、新华区、振东区,以原琼山市和海口市原秀英区、新华区、振东区的行政区域设立海口市秀英区、龙华区、琼山区、美兰区	琼山市
广西	南宁	2002	将原南宁地区北部横县、马山、宾阳、隆安、上林五县划归南宁市	南宁地区
新疆	乌鲁木齐	2007	撤销米泉市和乌鲁木齐市原东山区,设立乌鲁木齐市米东区,以原米泉市和乌鲁木齐市原东山区的行政区域为米东区的行政区域	昌吉回族自治州
安徽	合肥	2011	撤销原地级巢湖市居巢区,设立县级巢湖市,以原地级巢湖市居巢区的行政区域为新设的县级巢湖市的行政区域。新设的县级巢湖市由安徽省直辖,合肥市代管。将原地级巢湖市管辖的庐江县划归合肥市管辖	巢湖市
四川	成都	2016	将资阳市代管的县级简阳市改由成都市代管	资阳市
山东	济南	2019	撤销原地级莱芜市,将其所辖区域划归济南市管辖;设立济南市莱芜区,以原莱芜市莱城区的行政区域为莱芜区的行政区域;设立济南市钢城区,以原莱芜市钢城区的行政区域为钢城区的行政区域	莱芜市
吉林	长春	2020	将公主岭市划归长春市代管	公主岭市

注:行政区划调整数据来源于民政部全国行政区划信息查询平台和国务院政府网站相关公示信息。

3.1.2 省会行政边界扩张对省域经济增长的影响

根据数据可得性,基于中国27个省区1997—2018年的面板数据,采用合成控制法定量评估省会城市行政边界扩张政策对全省经济发展的影响作用。考虑到合成控制法要求实验组样本在政策实施前需进行真实值与合成值的拟合评估，同时便于在政策实施后进行若干年的动态效应观察，故本章将2002年、2007年和2011年发生省会城市行政边界扩张的宁夏、海南、广西、新疆和安徽作为实验组，选择河北、辽宁、吉林、黑龙江、山东、江苏、浙江、福建、江西、广东、河南、湖南、湖北、山西、内蒙古、陕西、甘肃和贵州18个省份作为对照组。结果发现，宁夏和海南在政策实施后的全省区人均地区生产总值的真实值都低于合成值（图3-2），表明该政策抑制了全省区的经济增长。广西在区首府行政边界扩张后全区人均地区生产总值的真实值逐渐略高于合成值；安徽在政策实施后初期全省人均地区生产总值的真实值略高于合成值，但随后又逐渐低于合成值。总体来说，广西和安徽两省区的政策作用效果相对较弱。

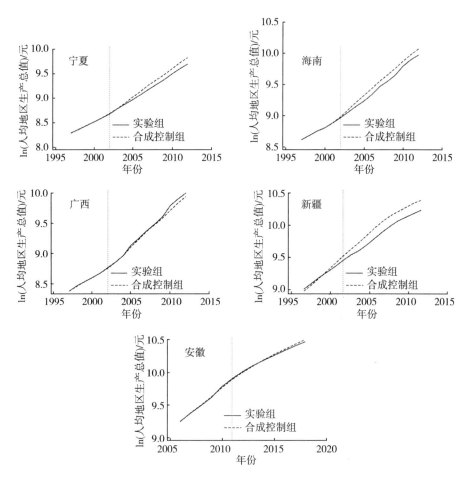

图 3-2 实验组省份人均地区生产总值与其合成值比较

通过计算政策实施后各省份人均地区生产总值绝对值的真实值与合成值之差，得到省会城市行政边界扩张政策影响的时间动态效应（表3-2）。从时间维度分析，政策实施对不同省份的影响效果各有差异。宁夏在实施区首府行政边界扩张政策1年后，真实值低于合成值22元，但扩张6年后的差值为1 064元,扩张10年后的差值高达2 295元,即政策实施对全区经济增长产生了不断增强的抑制作用。海南在实施省会行政边界扩张政策1年后,真实值低于合成值344元,扩张3年后的差值为1 009元,扩张10年后的差值高达2 187元,即政策实施对全省经济增长同样产生了不断增强的抑制作用。广西在实施区首府行政边界扩张政策的前7年内表现出真实值略高于合成值,第8年后差距扩至千元以上,表明政策实施对全区经济增长起到了促进作用。安徽在政策实施后的前2年内,政策效果呈现促进作用,第3年后表现为抑制作用。

表3-2 省会边界扩张影响的时间动态效应 单位:元

类别	宁夏	海南	广西	安徽
扩张1年后	−22	−344	29	319
扩张2年后	−141	−620	2	189
扩张3年后	−435	−1 009	268	−152
扩张4年后	−602	−1 155	178	−455
扩张5年后	−903	−1 153	102	−599
扩张6年后	−1 064	−1 532	144	−816
扩张7年后	−1 251	−1 759	342	−1 193
扩张8年后	−1 443	−1 467	1 379	——
扩张9年后	−1 875	−1 661	1 281	——
扩张10年后	−2 295	−2 187	1 274	——

3.1.3 省会行政边界扩张影响经济增长的机制讨论

普遍认为,城市空间集聚对经济增长影响存在倒U字形关系[1-3],省会城市行政边界扩张对全省经济的作用效果很可能取决于省会中心的经济体量是否处于最有利于区域整体经济发展的位置。具体说来,当省会城市经济规模占全省区的比重较低时,其行政边界扩张导致城市规模变大,进而产生集聚经济,促进自身经济实力增长[4]。此时,作为省域城市体系的增长极,省会城市通过扩散效应带动其他城市经济增长,如对后者的原材料、农产品等需求增加进而拉动生产,向后者输出产品和技术等[5-7]。但当省会城市经济规模占全省区的比重一直增高时,可能因交通拥挤、高地价等集聚不经济因素抑制自身经济增长,同时因持续虹吸非省会城市资本、劳动力、高端产业而破坏后者经济增长的物质基础[5],最终抑制全省区的经济增长。

表3-3为实验组省会城市在实施行政边界扩张政策前1年的地产生产总值占全省区的比重。2001年,银川市地区生产总值占全区的比重已经高达31.06%,位于同期全国前列,同年由吴忠市代管的县级灵武市被

表 3-3 实验组省会城市地区生产总值占全省的比重

省份	省会城市	扩张年份	扩张效果	扩区前1年地区生产总值占全省区的比重/%	2018年地区生产总值占全省区的比重/%
宁夏	银川	2002	负显著	31.06	51.32
海南	海口	2002	负显著	26.09	31.26
广西	南宁	2002	不显著	14.25	19.79
安徽	合肥	2011	不显著	21.86	26.07

规划为自治区能源化工基地,并于次年10月由吴忠市移交银川市代管,正式融入"大银川"的战略框架。灵武市作为重要的能源化工基地为银川市今后的经济发展发挥了重要的支撑作用。随后,银川市在自治区内的经济比重不断加强,于2018年高达51.31%,列同期全国第一位。2001年,海口市地区生产总值占全省的比重也高达26.09%,于2002年兼并邻近的琼山市后,海口市的面积增大了10倍,经济总量迅速扩张,经济比重于2018年提升至31.26%。相较之下,南宁市在行政边界扩张之前地区生产总值仅占全区比重的14.25%,至2018年该比重也仅提升为19.79%,其经济首位比在全国来说仍列倒数;合肥市在行政边界扩张之前地区生产总值占全省的比重为21.86%,至2018年该比重提升为26.07%,在全国来说处于中等水平。由于在政策实施前南宁与合肥的经济比重并不是特别高,因此继续扩大省会规模并不会对全省区地区生产总值产生显著抑制作用。

3.2 省域人口空间极化对经济增长与区域差距的影响

3.2.1 省会城市人口的基本情况

省会城市作为所在省域的政治、经济、文化、教育、医疗、交通等各个领域的中心,是城镇化过程中人口流入的主要方向。就城市人口规模来看,2020年除了拉萨市其他省会城市的人口规模都超过了200万人,超过1 000万人的超级省会城市包括成都市、广州市、西安市、郑州市、杭州市、石家庄市、长沙市和哈尔滨市,其中西安市、郑州市、杭州市在10年前还尚没有进入千万人口规模之列。2020年常住人口超过500万人的省会城市包括合肥市、南京市、济南市、沈阳市、长春市、南宁市、昆明市、福州市、南昌市、贵阳市和太原市。就人口规模增长来看,根据第六次和第七次全国人口普查数据,除了兰州市和哈尔滨市外,2010—2020年省会城市的人口规模取得了普遍增长。中西部的合肥市、拉萨市、西安市、成都市、郑州市、银川市和长沙市这10年间的人口增速很快,而兰州、哈尔滨市和石家庄市则是这10年间人口增长规模最少的城市。

随着省会城市人口的快速增长,其首位比(省会人口占省域人口的比重)不断提高(兰州市除外)(图3-3)。具体来看,除了济南市外,2020年所有省会城市其人口占省域人口的比重超过10%,且有10个省会城市(西宁市、银川市、长春市、西安市、哈尔滨市、海口市、成都市、拉萨市、武汉市、沈阳市)的首位比超过了20%,而在2010年,合肥市、郑州市和济南市的首位比低于10%,并且只有6个首位城市的首位比超过了20%,它们分别是西宁市、银川市、长春市、哈尔滨市、海口市和西安市。从这10年的首位比增长情况来看,西安市的首位比提高了10个百分点,有5个城市的首位比提高了超过5个百分点但不足10个百分点,这5个城市为长春市、银川市、成都市、合肥市和拉萨市。在这10年间,只有兰州市的首位比下降了1个百分点,且石家庄市、南京市和福州市的首位比增加不超过1个百分点。

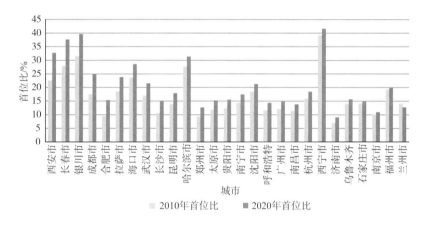

图3-3 省会城市第六次和第七次全国人口普查首位比情况

3.2.2 省会城市人口首位比对经济增长的影响

基于2000—2015年中国省域面板数据,本章运用面板多元回归模型和工具变量法检验省会城市人口首位比对省域和省会城市经济效率的影响。在具体的回归中还控制了人口规模、土地面积、人均固定资本存量、人均人力资本存量、产业结构、政府干预、外资干预和道路基础设施等变量。此外考虑到省域出现的集聚不经济苗头,本章还按省域人口规模进行分组,进一步检验空间结构对经济绩效的影响是否会在不同人口规模的省份中有所差异。

对于省域而言,首位比比较高的省份具有更好的经济绩效,尤其是在人口规模相对较小的省份,首位比对省域经济绩效的贡献更高(图3-4)。换而言之,在人口规模相对较大的省域中,集聚不经济很可能占据主导地位进而使得首位比较高的省会不利于提高其经济绩效,"强省会"模式失效;而在人口规模相对小的省域中,仍需发挥集聚经济的优势,故而较高的首位比能对经济绩效起到推进作用,更加适用"强省会"模式。

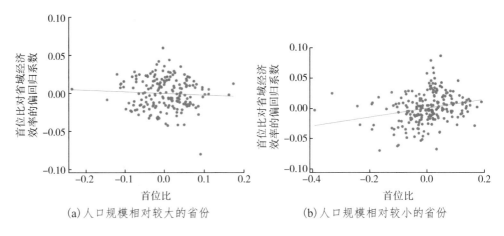

(a) 人口规模相对较大的省份　　　　(b) 人口规模相对较小的省份

图 3-4　不同规模省域中首位比对省域经济发展的影响

然而,对于省会城市而言,首位比的提高已经不利于省会城市(通常也是首位城市)的经济发展了,而且这一发现在人口规模相对比较小的省份仍然存在(图 3-5)。就这个意义而言,"强省会模式"对于省会城市本身的经济发展并无裨益。

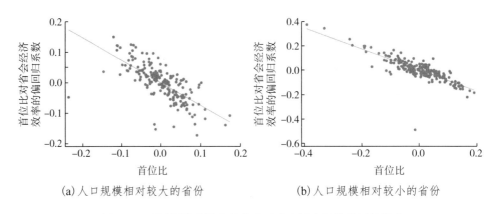

(a) 人口规模相对较大的省份　　　　(b) 人口规模相对较小的省份

图 3-5　不同规模省域中首位比对省会城市经济发展的影响

3.2.3　省会城市首位比对区域差距的影响

同样地,基于 2000—2015 年中国省域面板数据,本章还运用面板多元回归模型和工具变量法检验省会城市首位比对省域区域差距的影响。需要特别注意的是,区域经济差距有总量和人均之分。总量意义上的区域差距通常指地区之间地区生产总值的分配不均衡状况,是普遍存在的。人均意义上的区域差距则通常指地区之间人均收入或地区生产总值的分配状况,是相对意义上的区域不均衡,普遍认为人均地区生产总值更能真实反映地区间的经济差距[8]。总量经济差距和人均经济差距与偏单中心的人口空间布局的关系很可能不同。首先,偏单中心的人口空间结构模式很可能会导致总量意义上的区域扩大。一个典型现象是省会城市会虹吸省域其他城市的资源,进而在抑制其他城市发展的同时使得省会城市的经济总量不断提高,最终表现为整个省域经济总量上的不平衡发展。其次,偏单中心的人口空间结构模式未必会拉大人均意义上的区域差距。一方面,中心城市的经济发展可能会受到抑制。结合省内人口流动具体来说,由于人口的汇集,首位城市劳动力供给增加,在其他条件不变时,这会减缓首位城市的工资增长[9]。更为重要的是,相对于省会城市,省域其他城市的人力资本水平一般相对较低,劳动力的不断流入可能会使得省会城市的规模报酬递增效应打折。另一方面,中心城市的溢出效应也可以带动周边地区的经济发展。典型的表现就是生产要素在区域间的流动,不仅可以促进欠发达地区企业学习中心城市所输出的先进经验、技术和知识来提高自身的生产效率[10],而且中心城市庞大的要素市场需求也会刺激周边地区的生产。因此本部分主要从总量和人均两个维度的区域差距探索人口空间结构的影响,以期检验较高的首位比是否会加剧省内区域差距。

研究发现,省域的城市规模分布确实影响区域差距,而且这种影响在总量和人均意义上是不同的。具体来说,首位比的提高会扩大总量意义上的区域差距,同时能缩小人均意义上的区域差距。首位比高会扩大总量意义上的区域差距基本符合认知,且并不会使地区之间人均地区生产总值的分配状况变差,因此从这个意义上来说,强省会的战略仍是可行的(图 3-6)。

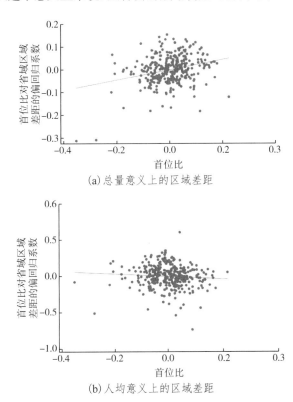

图 3-6 首位比对总量和人均意义上的区域差距的影响

省域首位比能缩小人均意义上的区域差距得到了以下方面实证证据的支持:首先,首位比的提高使得省会城市的集聚不经济逐渐占据了主导,进而导致省会城市发展受限。根据图3-5可知,首位比的提高已经不利于省会城市本身的经济发展了,且这一发现在人口规模相对比较小的省份仍然存在。这是省会城市已经存在集聚不经济的强烈暗示,继续提高首位比会抑制省会城市经济的进一步发展。其次,首位比的提高与大量低人力资本水平人口流入省会城市有关,进而限制其经济绩效的提高速度。研究显示,省域人口空间极化的省会城市吸引了更高比例的流动人口[①];流动人口的人力资本水平低于本地原居民(表3-4),劳动力的不断流入使得省会城市的规模报酬递增效应打折,人均地区生产总值增速受限。最后,人口空间布局偏单中心的省域其客运量和货运量较多中心布局的省域更大,这也为省域人口的空间极化能促进要素流动和区域共同发展提供了佐证。

表3-4 流动人口与本地城镇人口平均受教育水平的比较

数据来源	变量	流动人口	本地城镇人口	差异性检验 (本地城镇人口—流动人口)
中国综合社会调查 (Chinese General Social Survey, CGSS)	平均受教育年限	10.704 (4.126)	11.568 (3.761)	0.864*** (0.177)
	样本量/人	521	4 030	—
人口普查	平均受教育年限	10.360 (3.565)	11.340 (3.762)	0.980*** (0.010)
	样本量/人	184 110	442 184	—

注:括号内为标准差。根据国家统计局对流动人口的定义,流动人口是指离开户口登记地一年以上人户分离人口中不包括市辖区内人户分离的人口,城镇人口则是指居住在本市内乡镇、街道的非农业户口人口。

3.3 结论与建议

本章从促进省会城市壮大的两种思路出发,从省会城市的行政边界调整和省域人口规模分布两个方面分析省会城市扩展对经济发展和区域差距的影响。研究发现:(1)就以行政区划扩张为手段的强省会战略而言,该政策并不能显著提高全省区人均地区生产总值水平,且对不同省份的政策作用效果不尽相同。对于扩张前省会城市在全省区经济占比较高的省份,该政策抑制了全省区的经济增长,且这一作用呈不断增大趋势;对于扩张前省会城市在全省区经济占比较低的省份,该政策的作用效果不显著。(2)人口的高首位比更有助于提高省域经济效率,尤其是对于人口规模比较小的省份;高首位比虽然拉大了区域总量差距,但也缩小了区域人均差距,这可能是因为省会城市已经进入了集聚不经济阶段,省域人口空间极化的省会城市承担了大量较低人力资本的流动人口,且促进了省域要素流动和各城市共同发展。

整体来看,推行强省会战略要因地制宜。对于省会城市经济占比比较高且省域人口规模比较大的省份,继续推行强省会可能会面临经济效率的损失,以行政边界扩张为手段的强省会战略也不必然有助于提高全省经济发展水平。对于原先省会城市经济占全省份额较高的省份,通过兼并周围县市来做强做大省会城市反而可能会导致全省经济效率的丧失,地方政府在制定省会城市发展战略时应结合各省区实际,避免盲目进行强省会攀比。对于人口规模相对较小的省份,人口进一步向省会城市集中可能会拉动整个省域经济的发展,而且这种发展并不必然导致人均意义上区域差距的扩大,应继续增强这类省会城市的核心竞争力与辐射带动作用。此外,值得注意的是,简单地阻止人口流入大城市并不能从根本上解决目前中国很多城市所出现的集聚不经济问题,流动人口普遍人力资本水平不高是这里的关键。推动教育资源的公平化、提高人口素质仍然是区域发展的根本。

(执笔人:李琬、郑涛、张之帆、孙斌栋)

第3章注释
① 自改革开放以来,中国城镇流动人口数不断增长,根据第七次全国人口普查数据显示,全国人口约为3.76亿人,其中流向城镇的人口约3.31亿人。此外,本章也采用《中国城市建设统计年鉴》中的暂住人口来替代流动人口数据,回归验证了偏单中心的省域人口空间结构确实提高了省内核心城市暂住人口占总人口的比重。

第3章参考文献
[1] HANSEN N. Impacts of small and intermediate-sized cities on population distribution:issues and responses[J]. Regional development dialogue,1990,11(1):60-79.

[2] HENDERSON V. The urbanization process and economic growth:the so-what question[J]. Journal of economic growth,2003,8(1):47-71.

[3] BRULHART M,SBERGAMI F. Agglomeration and growth:cross-country evidence[J]. Journal of urban economics,2009,65(1):48-63.

[4] DURANTON G,PUGA D. Micro-foundations of urban agglomeration economies[M]//HENDERSON V,THISSE J F. Handbook of regional and urban economics:volume 4:cities and geography. New York:North Holland,2004.

[5] 王猛,王琴梅. 省会城市扩张及其增长效应研究[J]. 当代财经,2020(4):101-112.

[6] PERROUX F. Note on the concept of growth poles[M]//MCKEE D L,DEAN R D,LEAHY W H. Regional economics:theory and practice. New York:The Free Press,1955.

[7] BOUDEVILLE J R. Problems of regional economic planning[M]. Edinburgh:Edinburgh University Press,1966.

[8] 杨锦英,郑欢,方行明.中国东西部发展差异的理论分析与经验验证[J].经济学动态,2012(8):63-69.

[9] World Bank. World development report 2009:reshaping economic geography[R]. Washington DC:The World Bank,2009.

[10] 赵奎,后青松,李巍.省会城市经济发展的溢出效应:基于工业企业数据的分析[J].经济研究,2021,56(3):150-166.

第3章图表来源

图3-1源自:笔者根据区划地名网(行政区划网)的行政调整记录绘制.

图3-2源自:笔者根据《中国统计年鉴》《中国区域经济统计年鉴》及各省区统计年鉴绘制.

图3-3源自:笔者根据第六次和第七次全国人口普查数据绘制.

图3-4至图3-6源自:笔者根据《中国统计年鉴》相关数据绘制.

表3-1源自:笔者根据区划地名网(行政区划网)的行政调整记录绘制.

表3-2源自:笔者根据合成控制法测算的时间动态效应绘制.

表3-3源自:笔者根据《中国统计年鉴》《中国区域经济统计年鉴》及各省区统计年鉴绘制.

表3-4源自:笔者根据第六次全国人口普查数据以及中国综合社会调查微观数据绘制.

4　上海基层行政区划优化设置研究

4.1　基层行政区划设置的政策背景

4.1.1　行政区划设置的空间治理转向

长期以来,行政区划一直作为国家上层建筑,对政权建设具有十分重要的支撑作用。改革开放以来,行政区划对经济发展的影响十分突出。党的十八大以来,习近平总书记高度重视行政区划工作,2014年2月在北京考察工作时专门强调了"行政区划并不必然就是区域合作和协同发展的障碍和壁垒。行政区划本身也是一种重要资源,用得好就是推动区域协同发展的更大优势,用不好也可能成为掣肘"[1],首次阐述了行政区划所具有的资源属性,而成为"行政区划资源论"的崭新论述[2],同时,也从辩证法角度指出了行政区划设置具有的正反两个方面作用。由此可知,行政区划设置已在巩固政权建设、促进经济基础上向进一步凸显社会治理、资源配置的功能转型[3-4],这是上海作为超大城市不断优化设置行政区划并带动长三角区域一体化发展的重要指导思想,也对推动上海大都市基层行政区划优化设置具有指引作用。

4.1.2　党政相关政策文件及精神

党的十八大以后,党中央、国务院及相关管理部门所出台的政策多次涉及行政区划问题。2015年,中共中央印发了《中国共产党地方委员会工作条例》,其中明确将研究讨论本地区行政区划调整作为党的地方委员会履行的职责之一,并将行政区划调整与有关党政群机构设立、变更和撤销方案作为并列工作,进一步凸显了行政区划设置在党政群等机构及相应管理资源配置中的空间作用。2018年,国务院正式公布《行政区划管理条例》,自2019年1月1日开始施行。该条例从政府规章层面对行政区划的设置管理进行了明确。2019年,民政部制定了《行政区划管理条例实施办法》,对行政区划设置进行了更详细的规范。2020年10月,党的十九届五中全会审议通过的《中共中央关于制定国民经济和社会发展第十四个五年规划和二〇三五年远景目标的建议》,明确提出"优化行政区划设置,发挥中心城市和城市群带动作用,建设现代化都市圈",由此可知,行政区划优化设置与中心城市辐射带动功能发挥具有内在关系。

2022年3月,在十三届全国人民代表大会第五次会议上所作的《政府工作报告》中明确提出了"提升新型城镇化质量,严控撤县建市设区"的要求,随后国家发展和改革委员会在《2022年新型城镇化和城乡融合发展重点任务》中也进一步明确"慎重从严把握撤县(市)设区,严控省会城市规模扩张""稳慎优化城市市辖区规模结构"等具体要求,表明规模较大的特大超大城市以及省会城市的行政区划调整进入了相对严格的新阶段。而同年6月,中央全面深化改革委员会第二十六次会议审议通过了《关于加强和改进行政区划工作的意见》,特别强调了党中央对行政区划工作的集中统一领导,并要求做好统筹规划,避免盲目无序,这成为新时期指导行政区划优化的总方向,对基层行政区划的优化设置具有重要的指引作用。

4.1.3　国家、地方的相关重要规划与工作安排

2014年3月,《国家新型城镇化规划(2014—2020年)》正式印发,其中提出"制定城市市辖区设置标准,优化市辖区规模和结构",还明确了"建立创新行政管理、降低行政成本的设市设区模式",从整体上推动设市设区,不断优化城市行政区划设置。2018年9月,中共中央、国务院印发《乡村振兴战略规划(2018—2022年)》,从夯实基层政权角度明确提出"科学设置乡镇机构,构建简约高效的基层管理体制",为新时期基层乡镇及村居社区设置提供了方向。在各地方新一轮的新型城镇化规划中,也多次涉及优化行政区划设置问题。

2021年3月发布的《中华人民共和国国民经济和社会发展第十四个五年规划和2035年远景目标纲要》也明确提出"破除资源流动障碍,优化行政区划设置,提高中心城市综合承载能力和资源优化配置能力,强化对区域发展的辐射带动作用"。由此可见,优化行政区划设置仍是我国所面临的重要问题和现实课题。

4.2　上海基层行政区划设置演变的阶段历程与主要特征

4.2.1　上海基层行政区划设置演变的总体阶段与主要特征

1) 乡镇(街道)设置演变

新中国成立后,上海民政部门从基层政权建设入手,先接管区公所,后废除保甲制度,建立了市辖区政府。在乡镇(街道)层面,街道办事处属于区政府的派出机关,其前身曾被称为"区接管专员办事处""冬防办事处""区政府派出人员办事处"等,而随着1954年全国人民代表大会通过并公

布了《城市街道办事处组织条例》,上海将区政府派出人员办事处统一改为"街道办事处",由此,街道办事处主要承担市、区两级政府有关居民工作的交办事项,并指导居民委员会工作,反映居民群众的意见和建议。乡镇政府主要是农村地区基层政权,上海乡镇设置先后经过了乡镇政府、人民公社、重建乡政府以及撤乡建镇等阶段,并通过理顺关系、分清职责,不断完善乡镇政权体制,带动农村地区管理体制改革。

改革开放以后,党的十一届三中全会确立农村实行家庭联产承包责任制,推动"政社合一"体制改革,尤其是1982年第五届全国人民代表大会第五次会议通过的《中华人民共和国宪法》(以下简称《宪法》)明确规定在农村建立乡政府,政社必须相应分开,之后,中共中央和国务院又联合发出《关于实行政社分开建立乡政府的通知》,有力促进了乡镇政府恢复建立。在城市地区,随着经济管理体制改革,街道办事处在一定程度上突破了派出机构的属性,而承担着城区基层政府的作用,上海民政部门会同有关部门,在市政府领导下牵头推进街道办事处行政管理体制改革试点,尤其是向街道办事处放权,取得了较好效果,之后又组织起草《上海市街道办事处工作暂行条例》,并经市政府批准颁布实施,使街道办事处工作迈向规范化、法治化,由此开启了街道办事处优化设置及相应管理体制改革创新的推进[5]。总的来看,上海市基层行政区划设置已从"乡多镇少"转变为"镇多乡少",而街道办事处的设置数量则保持相对稳定,主要可以分为以下五个阶段:

一是"政社分开,乡镇恢复"时期,主要是改革开放至1992年。首先,上海市农业部门和民政部门在1983年时共同确定将嘉定县作为试点开展建乡工作,并且在青浦、上海两县各选择一个公社进行建乡试点。此前,上海郊区(县)人民公社管辖范围约为22 000人,人口相对集中,交通也比较便利,长期以来形成了具有一定地域范围的政治、经济、文化、交通中心,因此,恢复建乡以原有公社管辖范围为基础进行,基本上采取"一社一乡""一大队一村"的做法,到1983年4月初时,嘉定县曹王乡成立了全市第一个乡政府,到7月,郊县24个建乡试点也全部结束,并于9月时在全市郊区展开恢复建乡工作。到1984年5月时,上海郊县已经建立了205个乡。其次,上海还按照民政部标准开展了"撤乡建镇"试点,主要表现为1984年11月国务院批转的《民政部关于调整建镇标准的报告》,明确提出"总人口在二万以下的乡,乡政府驻地非农业人口超过二千的,可以建镇",次年8月,上海市农业部门及民政部门联合起草了《关于贯彻〈国务院批转民政部关于调整建镇标准的报告的通知〉的意见》,要求各郊县结合各自县城总体规划及建镇条件,统一规划,合理布局,有步骤地实施,在此部署下,各郊县分别选择一个具备建镇条件的乡开展"撤乡设镇"试点,到1986年初时基本完成。总的来说,在这一阶段,上海乡镇设置的整体特征为"乡多镇少",且乡镇设置数量总体稳定,而街道办事处管理体制改革的重点则是内部机构设置优化以及管理权限的调整、充实,数量总体保持稳定。

二是"撤乡设镇,结构重组"时期,主要是1993—1995年。进入20世纪 90 年代后,特别是随着国家正式确立社会主义市场经济体制目标后,"撤乡建镇"工作又重新开始。1995 年 6 月,在全市 216 个乡镇中的 140 个乡实行"撤乡建镇",到 1995 年底时上海市辖区内乡的数量由 188 个减少为 10 个,镇的数量则由 46 个增加为 208 个,乡镇整体数量发生了结构性变化,由"乡多镇少"转变为"乡少镇多",实现了结构性转型,而乡镇数量结构变化的主要动力是"撤乡设镇"。

三是"总体稳定,局部优化"时期,主要是 1996—1999 年。在经历乡镇类型结构大幅度调整之后,这一阶段上海乡镇、街道的设置数量总体上变化不大,仅为个别乡镇的合并或调整,属于比较典型的局部优化,乡的数量由 10 个减少为 8 个,镇的数量也仅由 208 个略微减少为 204 个,街道办事处的设置也保持微调,数量略微降低。

四是"乡镇合并,空间重组"时期,主要是 2000—2005 年。进入 21 世纪后,民政部等七部门联合印发《关于乡镇行政区划调整工作的指导意见》,从有利于减少行政人员和行政开支等视角出发,整体推动乡镇撤并以及精简机构,核心目标是进一步减轻农民负担。这一阶段,上海建制乡的数量由 8 个进一步减少为 3 个,镇的数量也由 204 个减少为 108 个,减少幅度均为 50%左右,乡镇建制数量总体上呈现明显的双减特征,乡镇数量变化的主要动力是"乡镇合并"。此外,这一阶段上海街道办事处的数量呈现微小幅度的增加,从 2000 年时的 99 个增加到 2005 年时的 103 个,其主要动力是"撤镇设街"。

五是"切块设街,内部优化"时期,主要是 2006—2021 年。在工业化带动下,上海城市化水平大幅提升,郊区传统乡村风貌已转变为现代城市型风貌,迫切需要行政区划类型的转变,以适应城市化进程需要,并加强基层建设,提高行政服务管理效能,改变城乡混合管理状态。这一阶段乡的数量由 3 个进一步减少为 2 个,镇的数量也由 108 个进一步减少为 107 个,总体上乡镇数量变化较小,而街道办事处的数量则在之前的基础上进一步调整、优化、重组,到 2021 年底增加至 107 个,超过了镇的数量,在行政区划类型结构上形成了"街道>镇>乡"的城乡格局(图 4-1)。

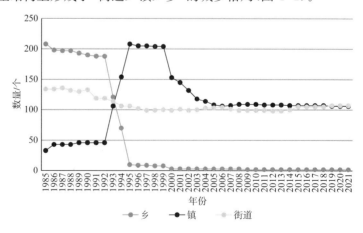

图 4-1 上海乡镇(街道)行政区划设置变化示意图

2) 基层居民委员会、村民委员会设置演变

在新中国成立初期,上海城市内许多里弄和居民点在各区政府派出的接管专员办事处的指导和帮助下,成立了自来水管理委员会、居民卫生小组、反轰炸人民防空队以及里弄福利会等不同类型组织,通过居民群众自己的力量,较好地解决了市、区政府一时难以完全解决的大量涉及居民生活的现实问题。到 1950 年 11 月时,在上海市冬防(防特、防匪、防空、防火)工作统一要求、部署下,全市里弄组织了人民冬防服务队 2 020 个,不仅进行爱国主义教育、镇压反革命、巩固社会治安,而且为居民提供福利服务。1951 年 4 月,上海市政府组织召开全市街道里弄代表会议,民政主管部门对新中国成立以来的街道里弄居民组织建设经验进行了总结,提出了将原有的"人民冬防服务队"改组为"街道里弄居民委员会",并确定以工人住宅比较集中的普陀区梅芳里为试点,探索建立居民委员会的实践经验,该梅芳里是位于长寿路、胶州路附近的一个中型规模的里弄,1951 年 4 月的调查数据显示,该里弄有居民 1 019 户,共计 4 336 人,且大部分为工人及其家属,到 6 月时经上海市普陀区政府批准,梅芳里居民委员会正式挂牌成立。在梅芳里经验带动下,上海各区加快居民委员会这一基层组织建设,至 1952 年底时,全市共建立了 3 891 个居民委员会,包括近 5 万名居民委员,覆盖了 421 万名居民,约占当时全市人口的 85%,之后虽然也经历了整顿、职权范围扩大等阶段,但居民委员会一直发挥着连接基层街道办事处与居民现实生活需要的重要作用[5]。

改革开放后,根据民政部《关于城市居民委员会的工作由民政部门归口管理的通知》的精神要求,上海市民政部门组织进行了居民委员会情况的调查,总结出了居民委员会的实际任务与其性质不适应、居民委员会干部及服务管理工作人员老龄化、管辖范围过于宽泛且同居民联系不够广泛与深入等问题,之后又会同有关部门,在 10 个区的 25 个街道办事处范围内,选择了 54 个居民委员会作为整顿试点,先后开展了包括调整规模、健全组织结构与理顺工作任务等在内的具体工作,并在总结试点的基础上,会同市财政部门向上海市市政府提交了《关于本市居民委员会开展整顿改选工作的意见》的报告,重点对居民委员会的管辖范围、机构设置和干部配备以及任务和经费保障等方面提出了建议。在此基础上,上海市统一了居民委员会的规模,明确规定每个居民委员会覆盖居民 500—800 户,郊县城镇居民委员会覆盖居民 400—600 户。由于管辖范围缩小,上海全市的居民委员会从 1 884 个增加到 2 831 个,并且逐步健全了居民委员会的组织结构,也初步理顺了其工作任务。

与此同时,上海市农业部门和民政部门在以嘉定县作为试点开展"政社分开,乡镇恢复"的过程中,也在曹王乡施庙大队建立村民委员会,并以原生产队为范围设立村民小组,当时施庙大队包括 10 个生产队,共有 520 户,1 441 人,形成了较好的基层村民委员会设立的经验。在恢复乡镇设置结束后,上海市辖各县又继续组织专门力量,按照《宪法》以及中央的相关

通知精神,尤其是参照施庙的经验,以原有的生产大队为基础,采用"一大队一村"的基本操作模式建立村民委员会。到1985年1月时,上海全市共建立了3 028个村民委员会[5]。之后,上海城乡居民委员会和村民委员会进入不断优化设置的新阶段,总体上可以划分为以下三个主要阶段:

一是"居民委员会增加,村民委员会稳定"时期,主要是1985—1996年。这一阶段,上海全市的居民委员会数量从2 831个增加到3 590个,增加幅度为26.81%,而村民委员会数量从3 028个微降至2 988个,下降幅度仅为1.32%,属于稳定状态,但这一阶段总体上属于结构性转型阶段,从"村民委员会多居民委员会少"转变为"村民委员会少居民委员会多"的格局。形成这种转变的动力既有国家关于居民委员会及村民委员会设立的政策调整以及上海市在居民委员会、村民委员会设置方面的具体探索与政策推动,也有全市工业化以及城市化发展带来的城乡管理要求。

二是"居民委员会波动,村民委员会减少"时期,主要是1997—2004年。这一阶段,上海全市居民委员会数量先从3 590个减少至3 278个,后又增加到3 703个,之后再减少为3 365个,中间多次转折,呈现明显的波动性特征,而村民委员会数量则从2 988个总体减少至1 920个,减少幅度为35.74%,且中间出现了从2001年底时的2 701个骤减为2002年底时的2 037个的情形,主要原因是当年全市集中统一性调整,其中,既有部分村民委员会转型为居民委员会的情况,也有居民委员会析设的情况。

三是"居民委员会稳增,村民委员会稳减"时期,主要是2005—2021年。这一阶段,上海市全市居民委员会数量保持总体稳定性增长,从2005年底时的3 437个增加到2021年底时的4 628个,增长幅度为34.65%,而村民委员会数量则从2005年底时的1 874个减少至2021年时的1 556个,减少幅度为16.97%,从结构上也使居民委员会与村民委员会的数量之比从2005年底时的1.83∶1扩大到2021年底时的2.97∶1,这和城市常住人口增长以及城市建成区范围扩大有明显关系(图4-2)。

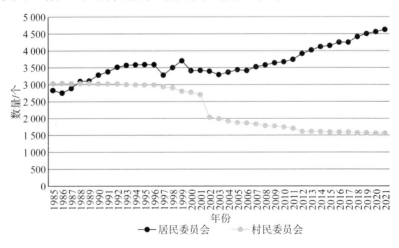

图4-2 上海居民委员会、村民委员会设置变化示意图

4.2.2 当前上海基层行政区划设置的基本概况与主要特征

1)上海基层行政区划设置的基本概况

截至2021年底,上海全市16个市辖区的基层行政区划设置包括107个街道、106个镇和2个乡,共有4 628个居民委员会和1 556个村民委员会,还有部分村民委员会下设村民小组等末端村民自治组织,详见表4-1。

表4-1 2021年底上海市各区基层行政区划情况表

市辖区名称	辖区面积/km²	常住人口/万人	街道数/个	镇数/个	乡数/个	居民委员会数/个	村民委员会数/个
黄浦区	20.46	65.85	10	—	—	172	—
徐汇区	54.76	111.47	12	1	—	306	—
长宁区	38.30	69.38	9	1	—	185	—
静安区	36.88	97.79	13	1	—	264	1
普陀区	54.83	124.30	8	2	—	265	7
虹口区	23.48	75.88	8	—	—	202	—
杨浦区	60.73	124.50	12	—	—	288	—
闵行区	370.75	265.71	4	9	—	471	114
宝山区	270.99	223.53	3	9	—	406	103
嘉定区	464.20	183.10	3	7	—	234	141
浦东新区	1 210.41	568.60	12	24	—	1 027	355
金山区	586.05	82.06	1	9	—	114	124
松江区	605.64	190.82	6	11	—	283	84
青浦区	670.14	127.13	3	8	—	157	184
奉贤区	687.39	114.30	3	8	—	165	175
崇明区	1 185.49	63.94	—	16	2	89	268
合计	6 340.50	2 488.36	107	106	2	4 628	1 556

2)上海基层行政区划设置的主要特征

(1)乡镇平均辖区面积明显大于街道平均辖区面积,且存在内部悬殊

乡镇(街道)行政辖区面积是反映其行政区划设置特征的重要方面[6]。通过《中国建制镇统计年鉴:2021》以及《崇明统计年鉴:2021》数据分析可知,上海市域范围内建制镇行政辖区的平均面积为54.7 km²,新村乡和横沙乡的行政辖区面积分别为34.67 km²和51.74 km²,而街道行政辖区的平均面积为6.5 km²[7]。由此可知,乡镇辖区平均面积明显大于街道辖区平均面积,前者为后者的8倍多。此外,在上海建制镇中,有11个镇的行政辖区面积超过100 km²,最大的是浦东新区的祝桥镇,达160.19 km²,而

面积最小的宝山区庙行镇的行政辖区仅有 5.9 km²，前者是后者的 27.15 倍；在街道的行政设置中，青浦区香花桥街道的行政辖区面积达 62.18 km²，是上海市行政辖区面积最大的街道，而静安区石门二路街道的行政辖区面积仅为 1.06 km²，前者是后者的 58.66 倍，都进一步说明上海乡镇（街道）辖区面积规模差异悬殊[8]。

（2）乡镇与街道平均户籍人口规模基本相当，但乡镇平均常住人口规模大于街道

经过 20 世纪 90 年代的"乡镇合并""撤镇设街""析设街道"等基层行政区划调整，上海市乡镇平均常住人口为 12.14 万人，平均户籍人口为 7.20 万人，而街道平均户籍人口约为 7.9 万人[7]。可知，街道平均户籍人口略高于乡镇，总体差距不大，而在常住人口方面，乡镇常住人口规模高于街道常住人口规模。此外，上海市范围内有 5 个常住人口规模约 30 万人的镇，分别为宝山区大场镇（41.42 万人），浦东新区三林镇（30.47 万人）、北蔡镇（28.69 万人）和川沙新镇（31.80 万人），以及闵行区梅陇镇（33.89 万人），还有 21 个常住人口规模超过 20 万人的镇[7]，都是上海典型的"特大镇"。

（3）乡镇（街道）行政管理模式多样

行政区划等级是行政区的基本要素之一，而层级体系是反映行政区划设置特征的重要维度[6]。目前，上海市辖区下辖乡镇（街道）的等级基本相同，而基层行政区划主要涉及乡镇（街道）与村民委员会、居民委员会两个基本层级，而乡镇与街道属于两种不同的基层行政区划类型，因而，从两两组合视角来看，上海基层行政区划层级体系主要包括四种模式：镇（乡）—村（居）民委员会、镇（乡）—村民委员会、街道—居民委员会、街道—居（村）民委员会。

①"街道—居民委员会"模式。这种模式主要分布在完全城市化的上海中心城区，作为区政府派出机构的街道办事处统筹指导社区居民委员会，如黄浦区、虹口区、杨浦区就属于这种模式。其中，黄浦区 10 个街道办事处下辖 172 个居民委员会，虹口区 8 个街道办事处下辖 202 个居民委员会，杨浦区 12 个街道办事处下辖 288 个居民委员会。

②"街道—居（村）民委员会"模式。这种模式主要分布在城乡接合部地区，街道多由乡镇转设而来，且往往一个街道办事处的管辖范围内既设有居民委员会，也设有村民委员会，而呈现一个混合类型。如闵行区浦锦街道就是典型案例之一，其位于闵行区黄浦江以东，辖区面积为 23.99 km²，实有人口 12.71 万人，下设 21 个居民委员会和 9 个村民委员会。

③"镇（乡）—村（居）民委员会"模式。这种模式主要分布在郊区建制镇。一般来说，镇政府所在地及非农经济发达地区多设居民委员会，而农业型地区多设村民委员会，属于郊区的城乡混合模式。如奉贤区奉城镇镇域辖区面积为 71.53 km²，常住人口为 11.54 万人，下辖 13 个居民委员会和 30 个村民委员会。

④"镇（乡）—村民委员会"模式。这种模式主要分布在远郊以农业为

主的地区,基层政区仍保持地域性乡建制,或虽转为城镇型镇建制,但非农化水平相对不高,基层村民自治仍为村民委员会模式。崇明区新村乡就属于这种设置类型,辖区面积为 34.67 km^2,下设 5 个行政村,114 个村民小组,纵向形成了"乡—村"型层级体系。

除上述一般层级设置外,部分乡镇(街道)还设有居民小组、村民小组,这种类型主要分布在郊区,如青浦区和崇明区下辖乡镇内的村民委员会之下普遍设有村民小组,松江区下辖镇(街)所属居民委员会、村民委员会普遍设有居民小组和村民小组,形成了更丰富的行政区划层级体系,也使城乡社会治理深入最底层、最基层。

(4) 市辖区—乡镇(街道)—居(村)民委员会设置纵向体系结构呈"上尖下扁"状

管理幅度是体现行政区划设置特征的又一重要方面。2021 年底,上海全市 215 个乡镇(街道)共管辖 6 184 个居民委员会和村民委员会,乡镇(街道)的平均管理幅度为 28.76 个。其中,闵行、宝山、嘉定、浦东、青浦、奉贤 6 个区的乡镇(街道)平均管理幅度高于全市乡镇(街道)的平均管理幅度,而其余 10 个区的乡镇(街道)平均管理幅度则低于全市乡镇(街道)的平均管理幅度。而从空间格局来看,上海外围郊区乡镇(街道)的管理幅度普遍高于中心城区街道(镇)的管理幅度。

我国著名行政区划专家浦善新曾将行政区层次体系按照纵向结构分为"尖形形态"和"扁形形态",并结合这两种结构形态进行组合,总结出了"上尖下扁""上扁下尖""上尖中扁下尖""上扁中尖下扁"等多种结构类型,主要用于反映不同层级行政区划管理幅度的纵向结构类型与关系[9]。借鉴此观点,将上海各市辖区的纵向管理结构划分为五种类型,具体见表 4-2。

表 4-2　2021 年底上海市各区基层行政区划情况表

区名称	市辖区、乡镇(街道)、村(居)民委员会之比	纵向结构类型
黄浦区	1∶10∶172	上尖下尖(尖形)
徐汇区	1∶13∶306	上尖下尖(尖形)
长宁区	1∶10∶185	上尖下尖(尖形)
静安区	1∶14∶265	上扁下尖
普陀区	1∶10∶273	上尖下尖(尖形)
虹口区	1∶8∶202	上尖下尖(尖形)
杨浦区	1∶12∶288	上尖下尖(尖形)
闵行区	1∶13∶585	上尖下扁
宝山区	1∶12∶509	上尖下扁
嘉定区	1∶10∶375	上尖下扁
浦东新区	1∶36∶1 382	上扁下扁(扁形)

续表 4-2

区名称	市辖区、乡镇(街道)、村(居)民委员会之比	纵向结构类型
金山区	1∶10∶238	上尖下尖(尖形)
松江区	1∶17∶367	上扁下尖
青浦区	1∶11∶341	上尖下扁
奉贤区	1∶11∶340	上尖下扁
崇明区	1∶18∶357	上扁下尖
总体	1∶13∶387	—

4.3　上海基层行政区划设置存在的突出问题与原因分析

4.3.1　乡镇(街道)平均行政辖区面积偏小,带来基层行政权力空间破碎性较强

上海乡镇(街道)平均行政辖区面积为 30.93 km^2,这一数值既低于北京乡镇(街道)平均辖区面积(47.84 km^2)、广州(街道)平均辖区面积(42.24 km^2),也低于南京(65.21 km^2)、杭州(88.22 km^2)、苏州(92.10 km^2)以及武汉(53.55 km^2)等相应乡镇(街道)平均辖区面积,仅高于深圳基层街道平均辖区面积(26.99 km^2),在国内典型超大、特大城市基层乡镇(街道)平均辖区面积中属相对偏小型,而基层行政区划面积规模越小,其基层行政主体就相对越多,使区域整体的统筹难度增加。总体而言,上海基层辖区的乡镇(街道)平均行政辖区面积偏小。

从常住人口来看,上海乡镇(街道)辖区平均常住人口为12.14万人,明显高于北京(6.38万人)、杭州(6.26万人)和武汉(7.78万人)等乡镇(街道)辖区平均常住人口,略高于广州(10.61万人)、南京(9.22万人)等乡镇(街道)辖区平均常住人口,但低于深圳(23.83万人)、苏州(13.67万人)等乡镇(街道)辖区平均常住人口。其中。北京、杭州等郊区分布有大量山地,武汉城市郊区既有山地、丘陵,又有数量众多的湖泊,限制了人口规模性集聚,而上海与苏州、深圳等经济活力较强的城市相比,其基层乡镇(街道)辖区常住人口规模有进一步提升的空间。

4.3.2　乡镇(街道)辖区规模过于悬殊,过大、过小问题并存

上海全市乡镇(街道)平均行政辖区面积为30.93 km^2。从市辖区尺度来看,浦东新区、嘉定区、金山区、松江区、青浦区、奉贤区、崇明区7个市辖区的乡镇(街道)平均行政辖区面积超过全市该平均值,而其余9个区的乡镇(街道)平均行政辖区面积低于全市该平均值。其中,崇明区乡镇(街

道)平均行政辖区面积最大,达 65.86 km²,而黄浦区下辖街道平均行政辖区面积最小,仅为 2.46 km²,前者是后者的 26.77 倍。从具体乡镇(街道)尺度来看,浦东新区祝桥镇的行政辖区面积最大,达 160.19 km²,而黄浦区豫园街道的辖区面积最小,仅为 1.19 km²,前者是后者的 134.61 倍。

上海全市乡镇(街道)平均常住人口规模为 12.14 万人。从市辖区尺度来看,浦东新区、普陀区、闵行区、宝山区、嘉定区 5 个市辖区的乡镇(街道)平均常住人口规模超过全市该平均值,而其余 11 个市辖区的乡镇(街道)平均常住人口规模低于全市该平均值,其中,闵行区的乡镇(街道)平均常住人口规模最大,达 20.44 万人,而崇明区的乡镇(街道)平均常住人口规模最小,仅为 3.55 万人,前者是后者的 5.76 倍。从具体乡镇(街道)尺度来看,浦东新区的宝山区大场镇实有人口规模最大,达 41.42 万人,而崇明区绿华镇的常住人口规模最小,仅为 0.74 万人,前者是后者的 55.97 倍。

总的来看,不管是市辖区尺度,还是乡镇(街道)个体尺度,上海基层行政区规模差异都较悬殊(图 4-3)。

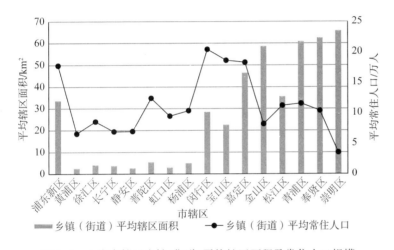

图 4-3　上海市辖区乡镇(街道)平均辖区面积及常住人口规模

4.3.3　乡镇(街道)管理幅度过大和内部差异降低了服务资源配置效率

总体上,上海市乡镇(街道)平均管辖居民委员会、村民委员会的数量为 28.76 个,显著高于北京(20.76 个)、深圳(10.64 个)、广州(15.67 个)、苏州(23.24 个)、南京(12.14)、杭州(16.67)、武汉(20.11)等超大、特大城市基层乡镇(街道)管辖居民委员会、村民委员会的数量。由此可知,上海乡镇(街道)管理幅度相对偏大,在一定程度上影响对基层社区、乡村服务、治理的效果,而在 2022 年新型冠状病毒感染防控措施的落实中也反映出基层乡镇(街道)对居民委员会、村民委员会的统筹、指导效果不理想。

此外,在上海各市辖区层面,乡镇(街道)平均管辖居民委员会、村民委员会的数量也存在较大差异。其中,黄浦区街道平均管辖居民委员会的数量最少,仅为17.2个,其次长宁区街道平均管辖居民委员会的数量也只有18.5个,而闵行区达到45个,宝山区乡镇(街道)平均管辖居民委员会、村民委员会的数量也达到42.42个,浦东新区和嘉定区镇(街道)平均管辖居民委员会、村民委员会的数量稍微低一点,分别为38.39个和37.5个,显著的乡镇(街道)管理幅度也导致基层社区、乡村治理效果之间存在差异。

4.3.4 基层行政区划设置类型总体滞后于城市化管理需求,且内部差异明显

张可云教授认为,在一个区域或地区的乡镇(街道)设置中,街道数量越多,表明这个区域或地区适应城市社会要求的管理创新意愿和能力就越强,并将街道设置在乡镇(街道)总数中的占比定义为"城市化管理率",同时,为避免仅用城市化管理率来度量政府部门制度变迁速率,并以此衡量城市化管理水平的片面性,进一步将"城市化管理率"与城镇化率(即城市化水平)之比定义为"城市化管理指数",从而弥补城市化管理率存在的缺陷[10]。

由此可知,上海街道设置占乡镇(街道)总数的比重为49.77%,低于深圳(100.00%)、武汉(97.50%)、广州(80.68%)、南京(94.06%)、苏州(55.32%)等城市街道设置在同级行政区划总数中的占比,仅高于北京(48.10%)、杭州(48.69%)两市的该占比值,从整体来看属于相对偏低类型。同时,上海城市化管理指数为0.56,而深圳城市化管理指数为1.00。武汉和南京的城市化管理指数呈现先导型,分别为1.16和1.08。广州城市化管理指数也达到0.94,属于比较协调类型。苏州、杭州、北京三个城市的城市化管理指数相对偏低,分别为0.68、0.58和0.55。上海的城市化管理指数仅高于北京,而低于其他城市,表明上海在街道设置方面滞后于城市化管理需求。

此外,从上海各市辖区来看,既有街道设置与城市化管理需要比较协调的类型,如黄浦区的街道设置比重为100%,城市化管理指数为1,而多数市辖区的街道设置属于滞后于城市化管理需求的类型,如宝山区下设3个街道和9个镇,街道设置比重为25%,而第七次全国人口普查数据显示该区的城镇化率为97.08%,可知其城市化管理指数为0.26。

4.3.5 市辖区政府驻地"镇"的设置滞后于发展需要,影响区域整体统筹

目前,在上海市辖区中,闵行区政府驻地为莘庄镇,奉贤区政府驻地为南桥镇,崇明区政府驻地为城桥镇。市辖区政府驻地通常是全区行政、经济、文化的中心,集聚人口规模较大,城市化程度和经济发展水平均相对较高,居民对公共服务的要求也更高。上海部分市辖区政府驻地仍为建制镇

设置类型,在一定程度上难以适应城市化水平与社会管理需求,也制约了区域之间的协调。这是因为在我国城乡基层治理体系中,乡镇与街道在职能定位方面存在差异,按照我国《宪法》规定,乡镇作为基层政权存在,具有发展地方经济职能,而街道办事处不作为一级政权存在,也不具有发展经济职能。我国曾在1954年第一届全国人民代表大会常务委员会第四次会议通过了《城市街道办事处组织条例》,将街道办事处职能主要定位为三个方面,包括办理市和市辖区交办事项、指导居民委员会工作和反映居民意见与要求等[10],但该条例于2019年被全国人民代表大会废止,其长期形成的街道办事处职能仍在延续,北京、天津、上海以及浙江等省市地方人民代表大会仍通过相应街道办事处条例,从地方法制层面较好地保障了街道办事处的功能定位及日常运行。

4.3.6 部分功能区与乡镇(街道)基层行政区存在行政分割问题

改革开放以后,上海郊区乡镇形成了多个产业园区,甚至"一乡镇一园区"或"一乡镇多园区"格局,但后经优化布局与产业转型升级,部分产业园区已发展成为上海市重要的功能载体,成为城市功能体系的重要组成部分,甚至有的功能园区还具有相应的管理机构及行政级别,对所在基层乡镇(街道)的行政区划格局形成分割状态,在具体管理事务方面也存在一些运行机制不畅问题,且未形成较好的发展合力。奉贤区海湾旅游区与海湾镇就是比较典型的一个案例,其中,海湾镇为2005年由原星火、燎原、五四三个国有农场实行属地化管理后合并而成的建制镇,行政辖区面积为122 km²,其中包括星火开发区和海湾旅游区,而海湾旅游区(17.2 km²)的实际管辖范围濒临杭州湾,并且下辖1个行政村和2个居民委员会,在奉贤区政府层面财政预算决算均为单列,实际上成为海湾镇范围内具有较高独立运行的功能区。此外,位于嘉定区的安亭汽车城与安亭镇、闵行区的莘庄工业园与莘庄镇也属于这种类型。再如,宝山区月浦镇的辖区面积为45.3 km²,其中中国宝武钢铁集团(简称"宝钢")、中国华能集团(简称"华能")等大型国企央企占地24.4 km²,并且具有较强的独立管理性,使月浦镇的实际行政管辖区域变为20.9 km²,这是大型企业形成功能区对所在乡镇(街道)行政区划进行分割的又一种类型案例。

4.4 国内外大都市区基层行政区划设置的经验启示

随着城乡社会经济发展,国内外对基层行政区划都存在优化设置的经历,特别是亚洲的日本、新加坡等发达国家,以及我国香港特别行政区、广州、深圳、南京和武汉等大城市在基层行政区划优化设置方面的做法、经验,都可为上海基层行政区划的优化设置提供参考。

4.4.1 日本的市町村合并

日本行政区划体系包括三个层级,除中央政府外,都、道、府、县是属于同一层级的行政区,其直属于中央政府,共包括1都(东京都)、1道(北海道)、2府(大阪府和京都府)和若干县,而每个都、道、府、县又下设若干市町村。其中,日本的市町村属于基层政权组织,基本上相当于我国的乡镇村。因此,分析日本市町村的合并、变迁有助于了解不同社会经济于城市化发展阶段中基层行政区划优化设置与调整的方向与做法。

第二次世界大战以后,日本市町村已经历过"昭和大合并",时间跨越20世纪50—60年代,町村的平均面积从1953年时的34.98 km^{2}增加到1961年时的97.91 km^2,平均人口也从5 396人增加到11 594人[11-13]。之后,在日本国家及基层市町村财政巨额赤字、居民生活圈迅速扩大以及信息技术加快发展的背景下,以建设地方分权、适应人口减少和日常生活广域化、提高行政效率与财政重建等为主要目标的"平成大合并"拉开序幕,其中,又包括1970—2000年的缓慢阶段和21世纪之后的加快阶段。在前30年的缓慢进展阶段,以1965年日本政府颁布的《市町村合并特别法案》为依据,实际上市町村的数量变化甚微,从1970年时的3 380个微调至2000年时的3 213个。进入2000年以后,在1999年制定的《市町村合并特例法》推进下,并以兵库县筱山市为开端,2004年4月又制定了5年有效期的《新市町村合并特例法》,形成了更加强有力的市町村合并推进政策,大大促进了日本市町村合并步伐。市町村先是从2000年时的3 213个减少至2006年3月末的1 821个(包括777个市、846个町和198个村),2007年以后市町村的数量进一步减少,到2013年时已减少为1 346个[11-12],并且还在进一步减少。

4.4.2 新加坡的"层级制+扁平化+专业化"行政区划体系

新加坡是一个位于东南亚的典型城市国家,也是一个岛国,由新加坡岛及其附近的63个小岛组成,其国土面积为728.6 km^2,截至2021年8月时新加坡总人口为568.6万人,具有地域狭小、人口稠密、经济发达等典型特征。

目前,新加坡实行议会共和制政治体制。新加坡是一个城邦国家,其整个国家的行政区划无省市之分,而是以符合城市规划的方式将全国划分为5个社区,即5个行政区,分别为东北、东南、西北、西南和中区,并采用相应的社区发展理事会方式进行社会管理,同时,在这5个社区(行政区)之下又进一步划分出31个选区,其中包括14个单选区和17个集选区[14]。此外,新加坡还根据地理位置划分了28个邮政区,具体分为核心中央区、其他中央区和中央区以外三种类型,其中,中央区以外的部分地区就是具有发展潜力的新市镇。

总的来看，新加坡由于国土面积相对较小，其行政区划体系既具有一定的层级性特征，更呈现出比较明显的"扁平化＋专业化"属性。

4.4.3 我国的粤港澳大湾区超大特大城市基层行政区划设置

粤港澳大湾区是我国极具活力的典型特大城市群地区，由香港、澳门两个特别行政区和广东省珠三角地区的9个市组成，其内部具有"一个国家、两种制度、三个关税区"的突出特征，各城市基层行政区划与社会治理体系也各具特色。

1）香港特别行政区的"节约型＋虚化＋社会化"的基层行政区划设置

香港是我国的一个特别行政区，行政辖区范围包括香港岛、九龙、新界以及附近的262个岛屿，陆地总面积为1 113.8 km²，截至2021年末时总人口为741.31万人。香港总体上实行"一级政府，两级管理"的治理组织架构与体制模式，具有典型的"弱政府、强市场、大社会"特点，整个特区政府仅有大约16.3万名公务员，约占总人口的2%。在内部，整个香港也被划分为18个区，但此"区"并非一级政府，也没有类似我国内地城市区政府的相应机构设置，仅设有区议会，并包括65个分区委员会区议会，各区议会是地区所在居民与特区政府之间沟通的重要桥梁，且特区政府只在各个区设立了民政事务专员，具体负责协调地区行政事务，其他特区政府司局也都在每个区设立办事机构，主要是为了便利居民办理具体事务。此外，除了香港特区政府为居民提供了最基本的保障，社会组织也承担了大量的社会服务功能，特区政府通过"项目制"方式为社会组织提供硬件设施和资金支持，形成"民办公助"模式，如沙田妇女会通过向环保基金申请生态农庄项目，以"1元钱"低价租用了300多块农田，为市民提供了更深层次的教育、养老、医疗、就业等方面的生活服务和保障，较好地弥补了特区政府力量的不足[15-16]。

总的来看，香港基层行政区划呈现出明显的"虚化"特征，大量居民社会服务由市场和社会组织予以提供，是一种典型的低成本运行治理模式。

2）深圳特区城市的"扁平化＋街道化"基层行政区划设置

深圳是改革开放后快速崛起的特区型城市，现已发展成为我国具有创新活力的国际性大都市，其辖区面积为1 997.47 km²，到2021年末常住人口为1 768.16万人，2021年地区生产总值达30 664.85亿元，是一个人口规模巨大、经济发展水平较高的超大型城市。

经过改革开放40多年的发展，深圳市辖9个市辖区和2个功能区（大鹏新区和深汕特别合作区），其中，大鹏新区下辖3个街道办事处，而深汕特别合作区位于汕尾市海丰县范围内，不涉及行政区划调整，其党工委和管委会定为深圳市委、市政府派出机构。深圳市行政区划设置总体上形成了"市—区—街道"和"市—功能区—街道"两种模式，其突出特点是全市域基层均为街道办事处,无乡镇政府,成为全域城市化地区,且基层街道办事处具有辖区面积相对偏小、人口规模相对、管理幅度偏小等突出特征[17]。

3) 广州超大城市"并＋拆＋改"多路径的基层行政区划优化设置

广州是国家重要的中心城市,自秦置南海郡以来已有2 000多年的历史,行政辖区面积为7 434.40 km²,2021年常住人口为1 881.06万人,地区生产总值长期处于我国城市前列,呈现出明显的"老城市新活力"特征。

经过多轮"撤县设市""撤市设区""乡镇合并""撤镇设街"等多种类型的行政区划调整,截至2021年末广州行政区划设置为11个市辖区,下辖142个街道和34个镇,并进一步划分为1 661个社区居民委员会和1 145个村民委员会,总体上形成了"市—区—街道"和"市—区—镇"两种模式,其中,街道多为中心老城区和外围市辖区政府驻地,而镇多为郊区独立型发展地区,且街道规模相对偏小,而镇规模相对较大。近年来,广州不断优化基层街道和镇行政区划设置,尤其是合并规模过小的街道,如越秀区将8个辖区面积平均不到1 km²的规模较小的街道合并为4个,也有合理拆分规模过大的镇和街道,如将具有广东省最大中心镇的新塘镇"一分为三",也将花都区政府驻地的新华街道进一步瘦身,使基层行政区划设置更好地适应经济发展和社会治理的需要[18]。

4.5 上海基层行政区划优化设置的基本思路与对策建议

4.5.1 基本思路与原则

在国家新型城镇化战略持续推进背景下,上海基层乡镇、街道行政区划优化设置是一项复杂的综合性系统工程,既需要在国家宏观层面的指导思想、总体框架以及政策制度下进行,防止出现盲目性和随意性,也需要结合地方经济发展与社会治理实际需求,避免盲目攀比,还需要从乡镇、街道所涉及的府际关系、城乡关系、基层政权建设以及事权运行等多个方面综合平衡考虑。因此,上海基层行政区划优化设置的基本思路为:在上海城乡总体发展布局指引下,考虑市域城镇体系现状与未来规划空间格局的基础上,合理调整乡镇(街道)辖区规模,解决乡镇(街道)辖区面积"过大""过小"问题,并推动乡镇(街道)类型专设,使基层行政区划设置有利于城乡区域统筹发展与现代化社会治理水平提高。

具体包括三个方面的基本原则:一是参照历史演变,制定总体性的基层行政区划优化设置引导规划,并采取分步实施的原则;二是尊重现状基础,采取整建制的乡镇、街道以及村民委员会、居民委员会管辖范围进行合并、拆分或转型设置,且因地制宜、实事求是,避免"一刀切"的原则;三是着眼未来发展,尤其是结合"城镇圈""新城"等重要发展目标,形成适应城镇体系规划格局支撑的乡镇(街道)行政区划体系。

4.5.2 具体对策与建议

1) 加快推进横沙乡、新村乡的"撤乡设镇"或"乡镇合并"调整

目前,我国现行建制镇标准是国务院批转的《民政部关于调整建镇标准的报告》,其中规定"总人口在两万以下的乡,乡政府驻地非农业人口超过二千的,可以建镇;总人口在二万以上的乡,乡政府驻地非农业人口占全乡人口10%以上的,也可以建镇"。按此规定,横沙乡城镇建成区人口已超3 000人,新村乡驻地非农业人口比重也超过总人口的10%,均符合民政部此标准。因此,建议将横沙乡、新村乡实行"撤乡设镇"区划调整。这种乡镇行政区划类型调整的模式既可以促进乡政府驻地的集镇型小城镇由农业型向综合型转型发展,也有利于社会经济发展要素和资源的有效配置,更好地适应上海郊区新型城镇化发展的需要,但也有不足之处,主要是行政区划调整涉及多个方面,牵一发而动全身,必将产生一定的行政管理成本。

此外,也可以考虑将新村乡与相邻的新海镇、横沙乡与长兴镇等进行合并,既可以使总体规模进一步扩大,加快规模效应形成,也可以节约基层乡镇的行政运行成本,符合国家新型城镇化战略目标。

2) 将城市边缘区和市辖区级政府驻地的镇进行"撤镇设街"

目前,在上海中心城区边缘地带仍分布有若干建制镇,如普陀区桃浦镇的辖区面积仅为18.8 km^2,而实际常住人口已超过20万人,人口密度超过1万人/km^2,属于比较典型的人口密集型地区,且下辖34个居民委员会和7个村民委员会,无论是常住人口密度,还是基层居民自治组织类型,都已经呈现为典型的城市化模式,再如宝山区顾村镇的行政辖区面积为41.66 km^2,到2020年末时户籍人口为12.15万人,而列入管理的外来人口达18.58万人,实有常住人口接近30万人,但仍为镇的管理体制,难以适应全域城镇化及高品质社会服务治理的需要;此外,还有部分市辖区政府机关驻地仍为镇建制,如闵行区的莘庄镇、崇明区的城桥镇、奉贤区的南桥镇,这类市辖区多为"撤县设区"而成,上述三个建制镇也基本属于所在区域中心,其一般聚焦较大规模的常住人口,分布有多种类型的公共服务设施,社会文化和管理资源丰富,城镇化水平也整体较高。总的来看,这类镇的行政管理体制已与其经济发展、社会治理职能、居民高品质服务需求等不相适应,制约了高质量发展,迫切需要从行政管理体制类型方面进行转型升级与优化治理体系。

此外,2015年1月,上海市委、市政府印发《关于进一步创新社会治理加强基层建设的意见》及其6个配套文件,其中明确取消街道的招商职能,重点面向社会服务和管理,为街道建制赋予了新的工作方向。因此,将上述郊区小城镇由镇建制改为街道建制,有利于强化社会服务和管理,从体制上推进城镇化质量提升,不足之处是经济发展的权限受到一定限制。

3) 对规模相对较小的乡镇、街道等进行合理重组与空间优化

科学合理的规模是促进小城镇又好又快发展的必要条件。有研究表明,当我国小城镇人口规模达到 5 万人时,经济效益最优规模净效益最大[19],住房和城乡建设部也曾提出小城镇镇区人口的适宜规模是 3 万—5 万人[20]。进入 21 世纪后,广东省曾制定乡镇合并的标准,对珠三角地区面积为 45 km^2、人口 4 万人以下的镇进行撤并[21],并指导了全省乡镇的行政区划调整。近年来,湖南省撤并了 500 多个乡镇,大大优化了行政区划空间布局。四川省也正结合由大数据、网络技术发展所带来的城乡治理方式转变的现状,加快推进基层乡镇与村居的撤并,总体上都取得了较好的效果。目前,上海郊区乡镇的平均辖区面积不但低于全国平均值,也低于广州、北京、苏州、杭州等乡镇的辖区面积,且郊区小城镇中辖区面积在 30 km^2 以下的有 17 个,常住人口 5 万人以下的镇也有 17 个,表明上海郊区部分乡镇仍存在规模过小的问题。基于此,建议对上海郊区此类规模较小的乡镇的行政区划进行合并与优化调整,使合并后的乡镇人口规模达到经济规模效益门槛,同时,也推动实现基层乡镇行政运行成本降低的目标。

由于历史原因,我国大城市中心城区的街道规模普遍较小,具有一定的普遍性,不利于公共服务设施的科学配置,也不利于人口、经济等要素的合理流动与有效产出。针对这种情况,广州市越秀区将其中 8 个辖区面积较小、地域相邻的"麻雀型"街道合并为 4 个,南京、武汉也都在一定程度上实施了中心城区规模较小街道合并的措施。借鉴此思路,建议上海中心老城区对辖区规模小于 2 km^2 的街道进行梳理、分析,经科学论证后形成街道合并方案,并按分阶段实施的思路逐步推进。

4) 对部分不合理的被撤并乡镇以及街道进行逆向调整

乡镇和街道等行政区划调整不仅包括"撤乡设镇""撤镇(乡)设街道""乡镇合并"等正向调整,也包括"镇(乡、街道)分立""撤街道改镇"等逆向调整[22]。广州市新塘镇曾是由原新塘、永和、沙浦、仙村和宁西 5 个镇在 2004 年合并而成,当时行政辖区面积达 251.51 km^2,常住人口达 70 万人,俗称"广东第一镇",实际上已成为中等规模城市,但仍按一个镇级单位配置公共管理资源,难以实施有效的社会治理,并曾发生群体性事件,后于 2012 年又将"五镇合一"的大新塘镇重新划分为新塘镇、仙村镇和永宁街道,恢复了仙村镇建制,这种做法为乡镇行政区划调整提供了另一种思路和方向。

实际上,上海远郊区部分都市农业型的小城镇建成区面积较小、常住人口规模不大,数据显示,城镇建成区面积在 1 km^2 以下的乡镇有 9 个,尤其是崇明区绿华镇的城镇建成区面积仅为 1 km^2,城镇建成区人口也仅有 413 人,港西镇的城镇建成区面积仅有 0.35 km^2,城镇建成区人口也仅有 1 481 人,均属于城镇建成区较小、人口规模集聚较弱的典型农业型乡镇。因此,建议将此类建制镇恢复为乡建制,这种调整后有利于发展都市农业

定位,也有利于从市、区层面进行扶持政策的倾斜。同时,上海郊区还有部分被撤并乡镇的原政府驻地城镇建成区和人口规模都较大,但面临社会治理滞后而导致衰败的突出问题,如崇明区堡镇镇即为2000年时原堡镇镇和五滧乡合并而成,但原五滧乡政府驻地的集镇规模相对较大,建成区面积与集聚人口均超过部分规模较小的建制镇政府驻地小城镇,且分布有一定的文化、教育、商业等公共服务设施,但因乡政府被撤并而近年来有所衰落,因此,也建议对此类小城镇恢复乡镇建制,使其形成良好的中心—外围的发展模式。

另一方面,建议对辖区面积较大、人口较多的街道也可参照此逆向思路调整行政区划设置,比较有代表性的典型案例就是青浦区香花桥街道,其原为香花桥乡,在1993年实施的"撤乡建镇"过程中更名为"香花桥街道",行政辖区面积为62.18 km²,常住人口为10.82万人,且辖区内有上海市级工业园区——青浦工业园区,制造业比较发达,现实行"街道管村"体制,下辖22个村民委员会和13个社区居民委员会(包括3个涉农居民委员会),本质上仍为镇形态。因此,建议将此类辖区面积较大、人口规模较多、产业发达且与中心城区具有一定距离的街道逆向调整为镇建制,使其更好地作为一个完整的社会经济单元,走符合其现实特点的发展道路。

5)加快推进部分功能区设立基层行政区的进程

为了集中力量开发建设部分基础资源较好的区域,在上海部分基层乡镇、街道范围内存在一定的特色产业功能区,这些功能区设有相应的专门管理机构,除部分职能(如人民代表大会归属、基层社区治理等)与所在乡镇协调外,基本上呈现独立运行状态。近年来,上海市民政部门已先后批准将这种独立运行的奉浦社区、金海社区转设为街道,并取得了较好的效果。目前,上海市仍存在海湾旅游区(海湾镇内)、安亭汽车城(安亭镇内)以及"宝钢—华能"央企国企板块(月浦镇内)等典型功能区,建议尊重该类功能区独立运行的客观事实,进行行政区划设置方面的科学论证,加快转设为街道或镇建制,以进一步理顺体制,促进产业发展与社会治理、公共服务相协调。此外,对于导入人口较多的大型居住社区,或者规模较大的乡镇或街道(20万人以上),也建议参照这种模式析设新的镇或街道,加强基层服务和社会治理能力提升。

(执笔人:卢道典)

第4章参考文献

[1] 习近平. 习近平谈治国理政:第2卷[M]. 北京:外文出版社,2017.
[2] 王开泳,陈田,刘毅. "行政区划本身也是一种重要资源"的理论创新与应用[J]. 地理研究,2019,38(2):195-206.
[3] 王开泳,陈田. "十四五"时期行政区划设置与空间治理的探讨[J]. 中国科学院院

刊,2020,35(7):867-874.

[4] 王开泳,陈田. 行政区划研究的地理学支撑与展望[J]. 地理学报,2018,73(4):688-700.

[5]《上海民政志》编纂委员会. 上海民政志[M]. 上海:上海社会科学院出版社,2000.

[6] 刘君德,靳润成,周克瑜. 中国政区地理[M]. 北京:科学出版社,1999.

[7] 熊竞. 基层政区改革视角下的社区治理优化路径研究:以上海为例[M]. 北京:经济管理出版社,2020.

[8] 刘海燕,卢道典,宋国庆. 上海大都市郊区乡镇发展分化与行政区划调整研究[J]. 小城镇建设,2017(6):29-34.

[9] 浦善新. 中国行政区划改革研究[M]. 北京:商务印书馆,2006.

[10] 张可云. 中国区域城市化管理水平比较研究[J]. 中国人民大学学报,2015,29(5):90-101.

[11] 冯俏彬,安森东,等. 新型城镇化进程中的行政层级与行政区划改革研究[M]. 北京:商务印书馆,2015.

[12] 汪洋. 日本市町村"平成大合并":缘由、形式及影响[J]. 世界农业,2017,39(3):159-163.

[13] 西原纯. 平成市町村大合并的行政现状及区域内系统重组:3种行政机构空间布局模式[J]. 夏韵,杜国庆,译. 国际城市规划,2007,22(1):40-47.

[14] 王韫. 新加坡社区管理模式对浦东镇管社区的启示[J]. 浦东开发,2013,22(10):31-33.

[15] 唐丹丹. 以市场和社会"双主导"的基层治理模式:基于香港基层治理模式的考察报告[J]. 中国农村研究,2016,15(1):240-246.

[16] 何骏. 合作治理:多元共治的基层治理模式:基于香港地方治理模式的调查与思考[J]. 中国农村研究,2016,15(2):184-192.

[17] 石超艺. 大都市区行政区划管理体制扁平化改革探析:基于深圳的实践[J]. 华东理工大学学报(社会科学版),2011,26(3):70-78.

[18] 姚迈新. 转型期基层治理法治化的逻辑与路径:以广州为例[J]. 探求,2020,36(2):88-94,120.

[19] 李晓燕,谢长青. 基于成本收益视角的小城镇人口规模实证研究[J]. 上海财经大学学报,2009,11(2):84-89.

[20] 刘玉亭,姚龙,刘欢芳. 小城镇人口聚集的比较研究及其合理规模浅析[J]. 现代城市研究,2013,28(5):14-22,35.

[21] 王德,郭洁. 乡镇合并与行政区划调整的新思路和新方法[J]. 城市规划汇刊,2002,46(6):72-75.

[22] 范今朝,王剑荣,蒋瑶璐. 试论中国当代城市化进程中的行政区划"逆向调整"现象:以永康市芝英镇的行政区划调整过程为例[J]. 经济地理,2011,31(11):1798-1804.

第4章图表来源

图4-1、图4-2源自:笔者基于1986—2021年《上海统计年鉴》和上海市行政区划情况统计表数据绘制.

图 4-3 源自:笔者基于《上海统计年鉴:2021》及各市辖区统计年鉴、各市辖区年鉴数据绘制.

表 4-1 源自:《上海统计年鉴:2021》和上海市行政区划情况统计表.

表 4-2 源自:笔者基于《上海统计年鉴:2021》及各市辖区统计年鉴、市辖区年鉴整理绘制.

5 超大城市新城建设中的基层政区治理研究：以上海五个新城为例

5.1 研究背景和意义

5.1.1 研究背景

在2021年上海两会期间，"五个新城"（南汇新城、嘉定新城、青浦新城、松江新城、奉贤新城）建设首次被写入上海政府工作报告，并成为上海推进"十四五"建设的重要抓手。根据2021年2月上海市政府印发的《关于本市"十四五"加快推进新城规划建设工作的实施意见》可知，上海五个新城要按照"产城融合、功能完备、职住平衡、生态宜居、交通便利、治理高效"的要求，建设成为"最现代""最生态""最便利""最具活力""最具特色"的独立综合性节点城市。五个新城"发力"需要多措并举，在24个字的要求中，要实现前述20个字，核心的保障和基础是"治理高效"，唯有"治理高效"才能平衡好新城发力的短期投入资源成本大和见效相对慢与长期空间结构优化和规避"大城市病"之间的关系，并为"产城融合、功能完备、职住平衡"提供体制基础，为"生态宜居、交通便利"提供制度动力。

在新城建设即将进入操作实施之际，有必要围绕"独立""综合性""节点"等关键词以及"新城治理"等做一些探讨，以更好地推进新城高质量、可持续发力。其中，关键要处理好"城—郊""产—城""沪—苏浙皖""市—区""城—城"这五对关系。

一是重新认识"城—郊"关系，在独立性上用力。随着城市化进程的推进，传统意义上郊区为中心城区疏解产业人口、提供保障功能的"城—郊"关系正发生深刻转变。超大城市中的所谓"郊区"，完全有可能成为新的、独立的增长极和辐射源，它们不仅有自己的中央商务区（Central Business District，CBD），也有不断扩大的腹地，并逐渐发挥出自己的溢出效应。

美国学者朱迪丝·德·容在其著作《新型城市郊区化》中，敏锐地观察到美国的大都会区正在进入城市和郊区相互融合的"扁平化"发展新阶段，"城市与郊区之间的传统关系正在逐步走向终结"。她详细考察了休斯敦、芝加哥和凤凰城案例，并结合美国最大的20个都会区的情况得出结论，即美国的城市和郊区变得越来越相似，不管是独立的郊区或城市项目，还是模棱两可的郊区或城市区域,都显示出极大的潜力。她还重点从停车空间、居住空间、公共空间和商业空间四个方面分析了这种"中心城区"融入"郊区性"、"郊区空间"融入"城市性"的大都会扁平化过程。她推测,相似的过程也在世界的其他地方发生并产生不同的结果[1]。

从全新的大都市区"城—郊"空间关系演变趋势来判断,上海五个新城以"独立"的城市作为定位有其客观的空间规律性。未来新城在发力中也应坚定不移地坚持这一定位、顺应这一趋势,在规划建设管理中体现这种"独立性"。当然,有独立性并不代表刻意要回避中心城区的辐射带动作用,相反要持续"欢迎"中心城区的辐射。事实上,只有更好地承接中心城区,才能壮大自身实力,才能更好地提升面向更广阔空间的"独立性"。需要指出的是,新城作为未来独立的增长极和辐射源,其自身城郊空间结构应避免与现有中心城区趋同,打造疏朗生态、错落有致、美丽宜居的城市空间结构是新城必须坚持并一以贯之的目标。

二是动态平衡"产—城"关系,在综合性上用力。产业作为城市化的驱动力亘古未变,新城要发力自然需要源源不断的产业发展与创新。但是,现阶段新城不能仅仅是产业新城,更不能仅仅是制造业新城,而应该是一个能避免城市滞后于产业、生活滞后于生产、社会滞后于经济的综合性新城。当然,从新城自身空间、成本和后发等优势而言,其较之中心城区可能更利于发展先进制造业和战略性新兴产业。因此,围绕集成电路、生物医药、人工智能三大先导产业,以及电子信息、汽车、高端装备、先进材料、生命健康、时尚消费品六大重点产业领域进行布局是新城发力的应有之义。与此同时,随着数字化背景下功能性资源配置去中心化趋势的加强,新城也同样需要布局金融服务、法律咨询、中介经纪、在线经济等中心城区有传统优势的都市型产业。

之所以要强调新城的综合性城市功能,是因为产城融合、功能完备、职住平衡、生态宜居不仅仅是实现新城高品质生活的需要,更是驱动新城产业发展、转型、升级的重要力量。无论是战略性新兴产业的更新迭代和转型换挡,还是现代服务业所依托的城市功能,以及依托优质教育、医疗、康养、休闲等资源吸引的各方面人才,都指向了新城的综合性城市功能。因此,新城发力不仅首先应在产业基础上继续做大做强,实现跨越式发展,而且应尽可能精准同步补齐城市综合功能短板,在一些小尺度空间的开发策略上不妨采取"先生活后生产、先宜居后宜业、先地下后地上"等新思路,并协调处理好老城保护更新与新城开发建设融合、城市发展与乡村振兴融合、先进制造业与现代服务业融合、优质个性生活服务与普惠基本公共服务融合等关系,为新城的持续性发力、高质量发力奠定基础。

三是强化"沪—苏浙皖"一体化关系,在节点功能上用力。长三角一体化上升为国家战略,这不仅是长三角区域均衡发展客观规律的重要体现,而且是上海超大城市提升城市能级和核心竞争力的必由之路。五大新城发力,不仅可以加快长三角区域一体化的发展进程,而且是上海强化"四大功能"的重要支持。特别是在加快构建新发展格局的背景下,长三角作为我国经济体量最大、实力最强、人口最多的城市群,增加重要城市节点密度,有利于激发区域投资、满足区域需求、扩大区域消费、加快区域和国内大循环。上海在五大新城建设过程中,应通过优化市域空间布局,缩短全球资源配置时间、提升科创策源效率、放大高端产业引领、强化开放枢纽门户功能,进而更好地承担国内国际双循环的战略链接功能。

因此,要把五大新城建设成为长三角城市群中具有辐射带动作用的独立综合性节点城市,融入长三角区域城市网络。在新城建设中,应将打造节点功能方面好的经验和做法进行复制和推广,如沿交通廊道开展联动发展,在交界地区开展毗邻党建,构建跨界的飞地和反向飞地模式,开展基于技术和制度创新的异地业务办理和结算,加强政府人员的双向挂职和交叉任职,等等。

四是优化梳理"市—区"关系,在治理体系上用力。五大新城中除南汇新城外,其他四个新城所在行政单元的建制与中心城区的市辖区相同,这决定了其管理架构、权责结构、配置权限等与中心城区市辖区基本趋同。然而,中心城区市辖区在治理载荷、空间特点、发展阶段、发展任务和管理服务目标方面,与新城所在市辖区往往有差异,要推动新城更好发力,现有的"市—区"治理框架可能需要做一些优化。此外,处理好已有新城规划区与所在市辖区、相关街镇和园区管委会的关系,也是新城在治理机制上需要重点考虑的。

就操作路径而言,要实现新城治理体系现代化,应在传统新城管委会模式的基础上借鉴"强县扩权""县下辖市""直辖制""管镇联动""功能区辖街镇""析出街道"等实践探索中符合现有法律规定的一些做法。总之,优化"市—市辖区(新城)"治理架构,激发新城及其所在市辖区和街镇的发展积极性、主动性和自主性,是落实"新城发力"目标的重要举措。

五是统筹协调"城—城"关系,在差异结合上用力。五个新城犹如五个手指,每个手指各有特点,但最终应该"握拳有力"。如何统筹协调好五大新城在发力中的共性与个性,是推进五大新城发展的又一重要任务。

从以往新城发展实践上来看,平均用力、同质竞争、毫无侧重显然是不可取的,而政策不均衡、"吃偏饭"、步调不统一显然也是有问题的。可行的路径是,在共性政策和资源上力争实现均衡普适和标准化,在个性特点和阶段上实现差异扶持和相机决策,在制度上可适度采用"晋升锦标赛治理模式",以激发各新城的发展积极性和主动性,同时以"人民新城"为导向,引入更多自下而上和第三方的多元评价机制。

5.1.2 研究意义和框架

从宏观视野来看,中国从全面建成小康社会进入全面建设社会主义现代化强国的重大历史转折阶段,城市战略更加凸显,并且城市发展好坏决定中国能否跨出中等收入陷阱，迈入发达国家。2020年，中国国内生产总值（Gross Domestic Product，GDP）总量超过100万亿元，2019年人均GDP首次超过1万美元，距离高收入经济体门槛（约为12 600美元）仅一步之遥。但是从国际经验来看，第二次世界大战以来世界上100多个经济体在追赶发达国家，但成功跨越"中等收入陷阱"实现赶超的仅仅有12个，赶超成功率只有10%左右。而这些在人均GDP突破1万美元后陷入"中等收入陷阱"的国家往往是其城市出现了问题，特别是大量拉丁美洲国家和一些东南亚国家，由于城市不堪重负，"贫民窟"蔓延，甚至衰败，导致将整个国家拖入泥潭，无法实现现代化进程再上一个台阶。一些发达国家的城市由于出现衰败，甚至破产，也引发了经济社会问题。因此，在我国常住人口城市化率超过60%，从全面建成小康社会到全面建设社会主义现代化强国的新发展阶段，以及新型冠状病毒感染发生后我国进入"逐步形成以国内大循环为主体、国内国际双循环相互促进的新发展格局"，进一步优化我国城市发展战略，特别是代表国家参与全球竞争、率先实现现代化的超大城市的发展战略就显得更加重要，而上海的五个新城建设无疑也是这一战略中重要的探索者、先行者和示范者。

从中观视野来看，党的十九届四中全会提出"优化行政区划设置，提高中心城市和城市群综合承载和资源优化配置能力，实行扁平化管理，形成高效率组织体系"，国家"十四五"规划再次指出"提高城市治理水平、加强特大城市治理中的风险防控"，在提高超大城市综合承载能力、资源配置能力和风险防控能力方面，新城建设以及新城的"高效治理"至关重要，如何探索扁平化管理、如何实现高效率组织体系，是进一步提高上海超大城市综合承载能力和资源优化配置能力的关键。

从微观视野来看，每个新城在具体建设发展中都会面临总体上的精细化、数字化和社会化的挑战以及各新城不同的个性化挑战、不一样的治理短板，这些都是需要优化和提升的，包括南汇新城如何优化管委会与南汇新城镇以及与浦东新区、奉贤区，甚至浙江的治理协同；嘉定新城如何优化菊园新区管委会、嘉定工业区管委会与相关街镇的协同；青浦新城如何协调青东长三角生态绿色一体化发展示范区、青西虹桥国际开发枢纽的关系，香花桥街道作为上海最大街道的精细化治理以及赵巷镇一分为二的空间协调；松江新城如何协调G60科创走廊沿线城市的跨界治理以及大学城、老城、南部新城与所在街镇的空间协同等；奉贤新城与南桥镇析出的西渡街道、奉浦街道、金海街道三个街道之间的协同等。

新城治理有很多因素，如产业、人口、土地、文化、生态、科技、数字等，治理作为保障以上要素全过程协调、全周期管理的重要驱动力，可以提高其承载能力和配置效率。在众多治理视角中，本章聚焦政区治理视角，把以调节空间关系为目标的政区治理作为核心分析制度，从具体分析层面来看有三个：一是在长三角高质量一体化背景下，如何处理好五个新城发力与长三角跨界一体化治理的关系；二是在上海市域空间整体层面，如何处理好上海市、中心城区与五个新城的关系;三是在新城与所在市辖区层面,如何处理好与市辖区以及相关街镇、管委会等层面的关系。要实现新城可持续发展、高质量发力,需要在以上层面构建"治理高效"的体制机制,并通过新城治理体系和治理能力现代化,让战略优势转化为制度优势,让制度优势转化为治理效能。

因此,本章围绕区域宏观尺度(长三角高质量一体化)、市域中观尺度(全市 6 000 多 km²)、城域微观尺度(各新城所在市辖区)分别对新城发展所涉及的治理进行分析,并以中观尺度为核心,在市域政区治理分析基础上,联动分析城域和区域尺度。结合这一分析框架对上海五个新城的治理体系和治理能力进行探讨,通过理论与实践相结合的方式推进高水平决策咨询研究。

5.2 中观市域尺度:新城"市—区"关系优化

就三个尺度的分析框架而言,中观市域尺度是核心,即处理好新区与城区的关系,唯有这一尺度有所突破,才能真正为新城发展提供制度动力。

5.2.1 政区治理助力"市—区"关系优化的实践

1) 行政区划助力城市拓展

行政区划调整作为一种生产力、一种资源,在新城建设中发挥了重要作用。从国外经验来看,特别是在第二次世界大战后美国大都市区、城市群的兴起过程中,很多超大特大城市都面临空间不足的问题,而通过统计,20%的城市是通过原有城区的挖潜,即提高容积率和建筑密度来拓展空间,而80%的城市则是通过对外兼并、合并其他城市地区来实现空间扩容。

对于中国而言,通过县改区可以更好地借助母城辐射效应、更好地提升作为城市的宣传效应、更好地利用城镇土地财税制度,为此,超大城市纷纷加速县改区、县市改区,通过这一方式为新城建设营造招商引资、土地开发的建制性制度环境。正如我们在一些新城所在区调研中,区发展和改革委员会的同志也指出"县改成了区,让外人也感觉是个城市,如果只是县,总感觉还是个农村"。

正是基于这一逻辑,四大直辖市除了重庆市,京沪津都已进入"无县"发展时代,如上海1988年将宝山撤县建区,1992年将上海县撤县建闵行区,、将嘉定撤县建区,1997年将金山撤县建区,1998年将松江撤县建区,1999年将青浦撤县建区,2001年将奉贤撤县建区、将南汇撤县建区,2016年将崇明撤县建区。而直辖市以外的超大特大城市则是通过县市改区的方式推进郊区新城新区的发展。这种具有一定超前性的城乡建制转换,或者说建制城市化,确实通过营造城市化的营商环境和土地利用制度改革效能,在一定程度上推动了郊区新城新区的发展,但是政区调整作为一个刚性较强、整体性影响较大的制度调整,也埋下了一些制度上的隐患,如假性城镇化以及由此带来的统计偏差、土地低效利用等。除此之外,改为与中心城区建制相同的"市辖区",其与上级机关的关系也将发生改变,其治理权能和结构也"雷同于"中心城区的市辖区,而传统中心城区市辖区的开发建设任务并不重,与郊区的市辖区在空间基础、地域条件、发展阶段等方面都有所差异,而一旦建制趋同则为郊区新城发展造成了"区位不同区划同、功能不同职能同、定位不同地位同"的治理矛盾。新一轮的新城建设定位由于考虑区域一体化以及中心城区单体城市规模的极限化,则进一步强调了新城的独立性、节点性、综合性,而建制上的掣肘无疑会对这一新定位的实现产生结构上的阻碍作用。

郊区新城过早过快进行县市改区可能会造成制度隐患。研究人员在对上海某新城的实地调研中发现,目前新城以及新建的区在开发建设上面临相应的权能短缺,新城相关部门提出了12条政策诉求。这些政策诉求显示出由于新城发展区位、阶段、基础与市中心区不同,其治理内容和要求也有所差异。比如新城更注重城市建设开发而不是市中心区所注重的城市更新治理,新城更注重先进制造业等产业发展而不是市中心所注重的生活性服务业,新城要更多地吸引非本市户籍的人才而不是市中心区可落户的人才。但是由于新城所在的建制与市中心区同为"市辖区",其政策差异度难以体现,进而产生了更多的政策诉求。

此外,从反证来看,如果新城随着城市化的快速推进,特别是靠近市中心区的新城,与母城逐渐相连,则其确实有必要与市中心区的"市辖区"一致起来,即一旦被纳入与中心城区相同的建制类型,则该建制单元的相关权限一般就需上收到市级政府并配置适宜市中心区的权限。这一方面是为了避免各建制单元主体性太强而造成过度竞争、规划不齐、各自为政,因为作为连续集中的市区更需要通过相互协调、一体谋划、各方统筹来实现大都市区的整体性治理;另一方面则是加快建制单元的治理转型,让其强化作为成熟城市化地区的治理定位。例如,曾经作为上海新城的宝山新城、闵行新城等随着与中心城区相连,逐步退出"新城序列",被新定位为城市副中心,这表明这些曾经的新城已经作为城市中心的一部分发展,虽然还只是"副的中心"。

2)上海的"县改区"

要想解决组团开发、田园城市理论中近域拓展"投入小、见效快"(短期、局部和城性)与新城建设"投入高、见效慢"(长期、整体和反城性)的矛盾,必须及时提供激励政策支持才能持续发展,否则难以实现建成独立、综合和节点城市的目标。浦东新区能够达成"一年一个样、三年大变样"是天时、地利、人和三重利好的持续叠加效果,上海城市连片建成区已经突破了外环绿带的控制,超过1 000 km²。

上海总体是适应的。2016年随着崇明县改区,上海进入无县发展时代,建制城市化虽有所增益,但也埋下了与中心城区无差异化的制度隐患。一旦建制趋同,会给郊区和新城发展带来"区位不同区划同、功能不同职能同、定位不同地位同"的治理矛盾。

5.2.2 超大城市城区—新城关系中政区治理逻辑的经验

梳理英国大伦敦、法国大巴黎、日本东京都、美国纽约都市区、中国台北市、德国柏林都市区等的经验教训,我们可以总结出以下三大规律:

1)建制方面:狭域设置、城郊分治

一是市辖"区"建制大多限于中心城区。上海郊区通过"县改区",于2016年进入"无县时代",促进了郊区城市化和城市郊区化,当前不论是中心城区还是郊区、新城,在性质上都属"市辖区"。但从我国台北市和世界其他各国城市的经验来看,超大城市的市辖区大多仅限于高密度、成熟的中心城区,并不包括都市区内的郊区或外围新城,如东京都下辖的23个"区"、巴黎大都市区下辖的20个"区"、纽约大都市区下辖的5个"区"等,全都是中心城区。中心城区多以狭域设置,面积一般不超过1 000 km²,如纽约(833 km²)、巴黎(105 km²)、东京都(621 km²)、柏林城市州(891 km²)、首尔(605 km²)、台北(272 km²)、伦敦(1 577 km²)相对来说已是比较大的了。此外,上述国际大都市的母城与新城之间有明显的空间距离和隔离带,一般相距50 km左右。

二是郊区、新城一般以相对独立的建制为主。综观几个国际大都市可知,母城外围区域的郊区和新城多以类型多样的独立建制为主。例如,东京都的郊区不设区建制,而设独立建制,包括多摩地区的26个市、3个町、1个村以及岛屿地区的2个町、7个村;巴黎大都市区的近郊,设上塞纳省、塞纳—圣—德尼斯省、瓦尔—德—马恩省和远郊4省。伦敦大都市区麦特绿带外的区域为其郊区,由周边面积略大的"功能区"+更广阔的"城市聚集区"组成,面积约为6 700 km²,人口是大伦敦的1.5倍,都是相对独立的建制单位。纽约大都市的近郊设12个县以及跨州的远郊14个县。在韩国首尔市都市圈周边,采取"首尔市—京畿道"的独立建制设置。柏林市都市圈则由柏林城市州与勃兰登堡州(下辖市镇建制)组成。

三是通过特殊的建制来区分郊区城市化与母城城市化。一些超大城市往往是国家的首都或者国内最大的经济中心城市,承担着代表国家参与全球竞争的角色,因此,其治理体系实施了一些特殊机制。如韩国首尔大都市区在周边设立了"京畿道",东京都是全日本唯一的"都建制"。此外,澳大利亚在一些设施好、生活质量趋近城市的农业生产地区设置了一批"农业型城市"(rural city),以特殊的市建制来管理一片农业区域。

2)权限方面:强市弱区、内紧外松

在治理体系上,各国超大城市治理的经验表明,对于市中心区,普遍是突显市级强统筹为主的整体性治理和集权性治理,而对于中心城区之外的郊区(包括新城镇和通勤圈),除非划入"市辖区",否则以较为松散的协商性治理和分权性治理为主。

一是中心城区一般以配合为主,权限较少。中心城区作为"市辖区"往往权限较少,以配合和协助市级机构治理为主,体现为"强市弱区"甚至"实市虚区"(区级机构只是市政府的派出机构)的市区关系。如大纽约市,市级层面有市议会,拥有立法权、监督权、审查权、批准权和预算审批权,而区级政府的权能较小,不拥有立法机构,更多地承担本区利益的表达者和基层中介者的角色,即使有一些审批权限,也受上级政府和基层社区的制衡。巴黎市市级设有10多个行政机构,绝大多数权力(特别是发展决策权)掌握在巴黎市城市议会选举出的市长手中,而20个区级政府的权限和职能非常有限,区议会不具有法人资格,即使只涉及本区的事务,也必须事先征求市级部门的意见,主要职能是向巴黎市长和议会提出问题和表明意愿。东京都下辖的23个"都辖区"虽经多次改革具备了与"市"(日本的市町村作为基层单元具有高度自治权)相当的自主权,但原本由特别区承担的供水、排水、消防等公共服务和相关财权又划归市级政府。我国台北市施行的是"市－区－里"的"一级政府三级管理"体制,区公所被定位为市级政府的派出机构,其地位是乡镇级,没有自治权,缺乏人事和财政自主权,组织架构名不副实,几乎事事均需承转请示,区长为官派而非民选。大伦敦曾由于政党竞争出现十几年缺乏上级议会协调的情况,治理碎片化严重,甚至出现群龙无首、各自为政的混乱状态,为强化市级统筹,也采取了"强市弱区"的纵向治理体系。

二是郊区新城大多管制较松、自主性强。相比"市辖区"的紧管制,农村地区基层单元的自治性更高。在美国的郊区化发展中,由于市镇的自治程度高、郊区发展相对独立,在具有良好区位条件或发展机遇的郊区,很快就会形成与中心城区相"抗衡"的城镇("边缘城市")。20世纪60年代至70年代起,在美国大城市的郊外建造了许多大规模的购物中心,人们不必再为购买生活用品而专程返回城市中心商业区。在此之后"边缘城市"进入高速发展阶段,在原有的城市周边郊区的基础上形成了具备就业场所、购物、娱乐等完备城市功能的新都市。日本东京都在建设多摩地区等新城时,并未调整其建制,仍以施行地方自治的"市町村"为其建制单位。在大伦敦议会多次整合和拆散的体制调整中,"自治市"权限一直较大,且内伦敦(12个自治市)和外伦敦(20个自治市)的自治市在权限上还有差异。

3) 操作方面:法制先行、划分明确

在设定和调整都市—区关系上,各大城市往往是通过制定相关法律规章的方式来进行操作。例如,纽约通过正式立法《大纽约宪章》,才于1898年得以正式成立新的大纽约市。日本东京都在与都心23区的财权划分、新城规划开发等方面都是通过立法或修改地方方案的方式来明确并推行的。伦敦大都市区的成立、撤销、恢复等是依据《1855年都市地方管理法案》《1899年伦敦政府法案》《1985年地方法案》等法律法规来操作;新城开发则通过设立《新城法》来明确各方职能,规定由中央政府组建新城委员会和新城开发公司,明确新城委员会对新城开发公司实行指导、监督,新城开发公司是独立于地方政府的机构,他们与地方政府的关系是协作关系。中国台湾台北市也是通过制定《台北市政府组织自治条例》的方式规定了"市—区—里"的一级政府三级管理架构,明确"区"为市的派出机构,并非一级政府。

5.2.3 优化"市—区(新城)"关系的政策建议

一是出台专门规定,明确以审批权限为核心的市—区关系。主要国际大都市的经验表明,要实现五大新城"高效治理""功能完备""综合""独立"等目标,应在目前设立的统一的新城规划建设推进协调领导小组的基础上,进一步适当优化"市—区(新城)"的治理关系,尤其是在规划调整审批权限、土地出让金分成、人才政策、用地指标、项目审批权限等方面,根据新城发力实际情况进行优化调整。在优化调整过程中,一方面要避免"备案制"可能带来的"集中备案所需周期较长""形式化备案实质上还是审批"等降低治理效率的情况;另一方面也要在强调"新城是功能独立而不是建制独立"这一基本原则的基础上,更注重优化新城自主权限方面的安排。

二是明确五大新城与中心城区的不同职能和激励考核机制。尽管在城市区域化发展趋势下,城郊关系呈现"扁平化""一体化""多中心"的格局,但当前的上海在内城和新城发展上还是由于阶段不同、类型不同、结构不同、功能不同而呈现差异性。21世纪前后,各郊区县完成了撤县设区改革,尽管为新城招商引资和政府形象提供了支撑,但建制趋同也带来了母城与新城"区位不同区划同、功能不同职能同、定位不同地位同"的治理矛盾。在"十四五"期间新城发力背景下,建议进一步梳理区分五大新城与中心城区间差异化的定位、职能和考核激励机制。

三是科学设置中心城区与新城区域的生态廊道界线。圈层式近域拓展(常说的"摊大饼")在产生和加剧城市病上弊端明显,为规制母城无序蔓延需设立城市开发边界。原本,上海的外环通道及其绿带建设就是为了将城市的"摊大饼"控制在 660 km² 的范畴,但目前城市连片建成区已突破到 1 119 km² 和 1 400 万人,就更需要有意识地划定新的生态廊道或绿化隔离带,规避"中心辐射"落入继续"摊大饼"的窠臼,真正将五大新城建成独立的综合性节点城市。为此,研究人员利用现有人口数据,应用经典的"空间断裂点"模型,测算了五大新城与中心城区的断裂点及其连线(图5-1),发现以新城现状人口测算,断裂点远远超出外环绿带,甚至接近郊环。而如果新城人口达到百万人、中心城区人口不变,断裂点会有所内移,但幅度不大,可见如果人口结构不改变,中心城区将持续向外"摊大饼"。在新城所在市辖区靠近中心城区的区域,不应过快过多地设置街道办事处,这将加速该区域的人口导入,加快内城和外城的连接,继而加剧"摊大饼"所引发的"城市病"。

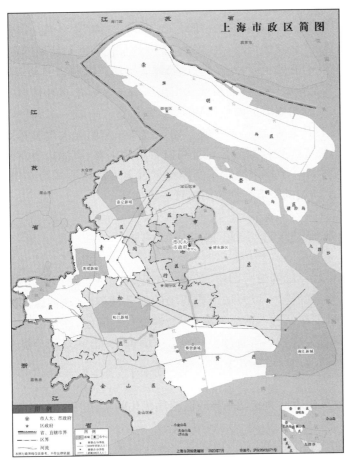

图 5-1　五大新城与中心城区的断裂点及其连线

四是创新和丰富直辖市次级政区的建制类型,因地制宜地推动新城发力。目前直辖市下次级政区仅有的"区"和"县",其建制类型还是较为单一,无法用以区分中心城区、副中心、独立新城、乡村型城市等多种类型的城市空间结构,建制名称犹如一个区域最为综合的特征体现,如果类型缺乏,不仅影响地域形成的塑造,而且在治理上也难以因地制宜。相比来说,非直辖市因不存在"直辖市下不辖市"的制度约束,在"市管县(市)"体制下中心城市的次级政区有三种类型,即"区""县级市""县",提供了进行政区分类治理的较多选择,而空间类型丰富的直辖市,却没有更多的建制类型,考虑到分类治理的客观需求和制度约束间的张力,建议创新思路、丰富建制类型,以更好地服务于新城发力。

五是对新城充分"简政放权"的同时,善用数字化监管。在城市全面数字化转型的趋势下,数字治理为"扁平化治理"和"事中事后监管"提供了技术手段,市级可根据新城发力所需的权限"大胆""坚定"地推动简政放权,为新城发力提供宽松体制环境。而与此同时,"一屏观全域、一网管全城"的城市综合运行系统,也为全市统筹发展、有效监管提供了治理利器。当然,由于新城空间大、底子薄、起步晚,全面数字化转型并非易事,尤其是数字治理往往渗透率低,出现存在于政府内部的一种"数字鸿沟",但数字转型具有明显的"后发优势"特点,因此,推进数字化转型是新城塑造"现代时尚的未来感"的有效手段,是高起点、跨越式推动产城融合和治理高效的重要路径。五个新城应在特色领域或重点区域先行探索标杆性数字化转型项目,形成示范并逐渐推动整体数字化转型。在"一城一名园""一城一枢纽"的基础上五个新城提出"一城一场景",如嘉定的无人驾驶车路场景的监管创新、松江的G60跨政区审批和监管场景创新、青浦以数字经济服务创新为主的"G50数字干线"、奉贤围绕东方美谷等产业链数字化的"数字江海"、南汇新城的跨境数据应用监管场景创新。

5.3 微观城域尺度:新城基层空间协同

随着中观尺度的政区调整,新城城市化进程进入快车道,随着大量人口和产业要素的导入,以及城市化要求的提升,原有城域内微观尺度的郊区乡村型基层政区的不适应性突显,为解决这些问题,在实践中主要采取了三方面举措,这些举措通过拉开城市空间框架、推进空间分类和精细化治理,基本适应了新城的开发建设和管理。

5.3.1 政区治理助力新城基层政区格局优化的实践

1) 基层政区建制转型以协同城与镇的关系

建制的核心是根据地域空间的发展和管理特点,分类配置相应的权责利,通过"上层建筑反作用于经济基础"来更好地促进地域空间的转型和升级。新城开发无疑使得地域空间结构从乡村型向城镇型演进,相应的空间管理也需要从分散、同质、凝固、保守的乡村治理向集中、异质、流动、开放的城镇治理转变,而乡、镇、街道等建制类型为不同地域空间性质及其管理要求提供了制度框架。为此,在新城加快开发建设的同时,政区结构上也加快了乡改镇、镇改街道、村改居、镇管社区等的调整和优化,通过建制城市化来促进空间城镇化,通过建制转换来实现空间的分类治理、精细治理。例如,上海在新城新区建设中,基层政区不断推进建制的城乡转换,浦东新区自1992年成立以来,在1995年进行过一轮大规模的乡改镇,1995年全区从11个街道、5个镇、27个乡通过撤乡建镇调整为11个街道、30个镇,27个乡全部撤销,其中,19个乡是撤乡建镇并保留原专名,1个乡与邻近镇合并转为建制镇(撤销杨思乡与杨思镇合并建立杨思镇),2个乡合并成立新的建制镇(撤销高南乡、东沟乡,建立东沟镇),5个乡撤乡建镇并更名(撤销高桥乡建立外高桥镇,撤销城镇乡建立东城镇,撤销洋泾乡建立钦洋镇,撤销唐镇乡、江镇乡建立唐镇和江镇),由此浦东新区进入"无乡"发展时代;松江新城首先是在1994年随着11个乡改镇后进入"无乡"发展时代,其次在2000年通过撤镇设街道进入"有街"发展时代,并在2015年新析出2个街道而成为"6个街道11个镇"的发展格局;闵行、宝山、嘉定、青浦、奉贤等新城都历经了乡改镇、镇改(析)街道的建制调整过程。

2) 基层政区空间并析以协同小与大的关系

在建制类型城乡转换的同时,随着人口导入和产业集聚,人口、企业以及交通路网、公共服务设施等密度不断增加,一定空间内的管理事务的工作量和类型也相应增加,而随着城市化水平提升,居民和企业对基本公共服务可及性以及公共管理精准性也不断提升,面对治理需求和要求的双重压力,原有乡村型政区的空间单元规模已明显偏大,因此,对基层政区的空间规模进行重组是新城区划调整的重要内容。

与此同时,新城处于推进经济发展、空间开发与公共管理、公共服务并重的转型交融时空阶段,因此,前者要求基层政区规模不能太小,而后者要求基层政区规模不能太大。综合以上两个方面的矛盾要求,脱胎于乡村或城乡接合部的新城基层政区空间规模相对偏大,特别是就发展趋势而言,新城未来都要建设成为成熟的城区,其空间单元规模也应与母城中心城区相似,包括从构建15分钟社区生活圈出发而要求的基层政区适域规模。

从上海各新城的建设来看,基层政区的平均规模历经了一个从小到大,又逐渐从大到小的演进过程。例如,21世纪前后在全国大范围的乡镇撤并背景下,上海也从"三个集中"的角度进行了乡镇撤并,全市乡镇数量从200多个撤并到100多个。近年来,随着新城所在区从大镇中析出街道(如奉贤区南桥镇陆续析出奉浦街道、西渡街道和金海街道),以及增设基本管理单元,新城的治理规模开始逐渐缩小,但是与中心城区平均规模相比还是显得很大。例如,浦东新区花木街道的面积为20.93 km^2,常住人口为24.90万人(2019年),与黄浦区相比(2020年面积为20.52 km^2,常住人口为66.20万人)面积相当,黄浦区的人口规模是花木街道的3倍不到,但其行政架构则是一个街道与一个市辖区的差异,如花木街道有50多名城市管理执法人员而黄浦区则有500多名。

3) 基层政区层级嵌套以协同产与城的关系

产城融合越来越重要,推动产城融合的空间治理路径就是协调好新城的规划区、工业园区与基层行政区、社区的关系。新城开发初期一般以产业开发为主,并通过产业园区的"七通一平"和企业的集聚来带动城市建成环境的完善,以产业的非农化推动土地和空间景观的非农化。在初期阶段,街镇和村居一般处于配合和辅助的角色定位上,以助推产业园区发展为主要任务;进入新城发展的中后期,产城融合的要求越来越重要,城市空间或者产城融合的环境不仅是产业转型升级的基础,而且体现了"以人为本"的新型城镇化的战略要求,而街镇和村居由于在社区治理和公共服务上的优势而不断突显其重要性,因此在新城中后期,街镇和社区的地位将逐渐提升,并成为推动新城向成熟城区发展的驱动力。因此,一方面,工业园区管委会或开发公司逐渐剥离其社会管理和公共服务功能,转移到周边街镇;另一方面,有些开发公司和管委会直接转制为社区管委会,并适时成立街道办事处。

例如,上海奉贤新城的奉浦街道就是奉浦工业园区政企分开后适时设立的,金海街道也是上海奉贤现代农业园区政企分开后设立的。浦东新区在其开发开放过程中进行了多次基层政区调整,在早期的列车工程中,以开发区为火车头带动街镇发展;随着城镇化的快速推进,从开发园区或大型居住区析出成立街道办事处,如浦兴街道和东明路街道。但由于成本较高,该模式后续未能继续推进。镇管社区模式的提出,是浦东新区积极适应快速城镇化特点、顺应大区域管理要求而进行的社区管理的一种制度创新,该模式保留建制镇架构,对城市化地区进行管理,包括在条设机构、在块设机构以及全覆盖的片区划分等。为理顺开发区和街镇的关系,浦东新区开展过多轮探索,首先是取消街道办事处的招商功能,随后取消镇以及村的招商功能,由全区或者周边管委会统筹;深化探索管镇联动机制,由开发区管委会与周边街镇形成功能区域,作为链接上下和横向整合管理主体的平台,即管委会负责周边街镇的开发建设和经济功能,街镇则通过财政转移支付负责开发区范围内的社会治理和公共服务;此外,浦东新区还进行了副局级大镇探索,做大建制镇,由高配的建制镇来统筹辖区的经济发展、社会管理和公共服务。

因此,在新城开发建设中的空间治理上将首先经历基层政区产业园区化,在发展中后期随着产城融合的深入推进,回归到产业园区基层政区化。在推动产业发展方面,政区的园区化根据一定的交通线路、自然水域、工业区位等通过多个基层政区的空间重组形成开发园区,进而形成了准政区,与此同时,乡镇之间仍在撤并,但归属开发园区的空间则并未同步推进,而是仍保留在园区内,之前名义上坐落在特定镇的园区空间也并未随镇撤并到其他镇。

随着国家对开发区管理体制规范性的提升以及产城融合的进一步发展,开发区的社会管理和公共服务仍由开发区管委会或开发公司代管。一方面,存在制度上的不规范,不符合政企分开的改革原则;另一方面,开发区在转型升级过程中也需要更加匹配社会管理和公共服务的专门的行政组织来进行园区的非经济事务管理。即使经济事务中的公共管理职责也逐渐规范化,开发公司仅仅作为一类市场主体参与公平的市场竞争,而不是既做运动员又做裁判员,即本来作为上级政府派出机构的开发区管委会或开发公司则作为上级政府国资系统的企业进行市场化运作。对于仍保留开发区管委会的地方,则与周边街镇进行管镇联动式管理,即管委会将周边街镇的经济小区或招商引资等任务纳入管委会的工作职责,而通过签订行政协议,将园区内的社会事务委托周边街镇管理,并提供相应的资金保障。对于周边街镇无法代管的,则可成立隶属上级政府的社区委员会,即上级派出专门负责社会治理的机构对园区内的生活居住区进行管理,形成类街道办事处体制,并待时机成熟后转制为规范的街道办事处。

5.3.2 五个新城规划范围内基层政区问题与优化建议

从五个新城规划范围内所涉及的街镇数量来看,2020 年上海街镇乡建制数为 215 个(街道办事处 107 个,建制镇 106 个,建制乡 2 个),其中五个新城的街镇总数为 84 个(其中街道办事处 26 个,建制镇 58 个),新城规划范围内所涉及的街镇数量是 36 个(其中街道办事处 13 个,建制镇 23 个),占五个新城所在市辖区街镇总数的 42.9%,占全市街镇乡总数的 16.7%,如果浦东新区以原南汇地区为基数,则五个新城的街镇数量占所在市辖区街镇数量的 59.01%。

推进上海五个新城下一步发展中基层政区格局的关系,有以下四个方面的建议:

一是"三区深度融合":推动新城产城融合、职住平衡和治理高效。目前五个新城都陆续成立了新城规划建设推进协调领导小组,但由于新城规划区域与街镇和开发区的边界并未重合,规划在落地过程中难以发挥街镇积极性。此外,不少新城规划区内还有工业区管委会,实现"新城规划区—基层行政区—功能开发区"等各主体的分工协同和深度融合是新城推进"产城融合、职住平衡"的体制基础,是新城实现"高效治理"的必由路径,可因地制宜、一城一策的借鉴"法定机构""管镇联动""管委会代管街镇""行政区派出功能区"等机制推动新城"三区深度融合"。如松江新城规划区与各街镇的协同联动机制还需探索,可考虑推进项目统筹、分级落地、建管分离等改革;大学城与新城的联动融合还需优化,可考虑支持大学创办科技园,适时引进中外合作办学的理工科院校和研究机构等。南汇新城需要在产城深度融合的基础上,继续优化新城与自由贸易区新片区启动区、南汇新城镇等建制镇以及浦东新区、奉贤区、闵行区、洋山深水港的空间关系。嘉定新城应在新城拓区后,有序推进菊园新区管委会、嘉定工业园区北区等准基层政区的建制化改革,适时筹备建立菊园(新区)街道并研究嘉北街道(嘉定工业园区北区)的设立。

二是"单元规模适度":以 15 分钟社区生活圈为标准划定街镇治理规模。新城规划区作为区域的"中心城区",在未来人口导入后必然实行更为精细化的管理,因此,需要继续划小现有街镇空间尺度,特别是按照 15 分钟生活圈的建设目标优化街镇空间区划。笔者在上海进行了 15 分钟步行距离的实证研究,发现在居民委员会辖区人口平均 1 500 户的设置下,要实现 15 分钟社区生活圈目标,最优的基层区划设置是,当人口密度为 1 万人/km² 时,街道辖区面积为 2—3 km²,服务 2 万—3 万人,下设 7 个社区(克里斯泰勒中心地理论的最优行政管理幅度)。当然,如人口密度高于1万人/km² 或者人口密度低于1万人/km² 时,街道面积可相应调整,但应不小于2 km²。这对于新城而言具有重要借鉴意义,如青浦新城应按照15分钟社区生活圈标准,结合基本管理单元建设,通过增设基本管理单元和析出街道等方式,划小香花桥街道、夏阳街道等超大街道的规模,为精细化管理提供空间支撑。再如松江新城在析出广富林街道的基础上,可继续适时推进中山街道的调整,而南部大型居住社区的住宅结构以及基本管理单元的建设需进一步优化。从上海市管理精细化、成熟城市化的中心城区来看,街道面积和人口规模现状分布也有类似的规律。

随着人口的大量快速导入,城市化进程加快,且呈现成熟化、中心化的特点,需要精细化治理,划小区划格局,实现15分钟步行生活圈;但是发展权能增加后,如要发挥街镇积极性则也不宜过度划小。在上海二级政府三级管理改革阶段,单元合并倾向于做大:1994年徐汇区"撤五建三",即撤销徐镇路、漕溪北路、天平路、永嘉路、枫林路街道建徐家汇街道以及新的天平路和枫林路街道;1995年长宁区"撤二建一",即撤华阳路和武夷路街道设新的华阳街道;1994年静安区"撤十建五"。近郊和远郊则在21世纪随着全国大规模的乡镇撤并也推进了街镇撤并工作,如2000年普陀区11个街道撤并为6个街道;2000年闵行区由6个街道、15个镇撤并为3个街道、9个镇;浦东新区从1997年的13个街道、28个镇到2001年的11个街道、13个镇。

三是"新型街区制":在街镇和村居之间加设"中间层",以实现"行政减层和服务加层"。上海针对中心城区居民委员会规模太小导致的服务能级和质量不足、街道规模太大产生的精准性和可及性不高等问题,通过在街道办事处—居民委员会"中间层"设置"邻里汇""睦邻中心""市民驿站""邻里中心"等"新型街区制"探索,实现了超大城市治理所需的"扁平化"与公共服务供给所需的"多层化"之间的平衡。同时,在郊区和乡村设置非行政层级属性的"基本管理单元"、析出街道等做法,破解了快速城镇化进程和乡镇撤并导致的镇域居民公共管理和公共服务供给不足等问题。五大新城在产城融合和职住平衡定位中将导入大量人口,应根据新城未来发展图景,借鉴中心城区"行政管理减层、公共服务加层"的做法,探索"新型街区制"来设计基层政区的调整优化路径。如青浦新城应有序推进赵巷镇目前一分为二的特殊政区空间结构,可在设立基本管理单元的基础上适时析出街道;此外,人口集聚的徐泾镇也可参照松江区析出九里亭街道等做法,适时析出街道或撤镇设街道(郊区市辖区靠近中心城区的基层政区由于人口集聚往往被设为街道,如嘉定区真新街道、奉贤区西渡和奉浦街道等)。当然,也应避免新城所在市辖区靠近中心城区的空间过度城市化(过快过多地设置街道办事处),进而与中心城区建成区拼贴,继续落入城市"摊大饼"模式窠臼。

四是建制的规范化和人文化:规范设立街道的标准,提升命名的高雅化。随着新城发力的加速,产业、人口和土地的城镇化进程将加快,新城及其所在市辖区的村改居、镇改街道等城乡建制转换也将随之加快。为积极稳妥地推进这一工作,一方面要建立科学合理的建制镇和街道办事处的设置标准,在充分考虑行政成本和治理需求的平衡后,在镇管社区和基本管理单元建设的基础上,积极稳妥地推进镇改街道、析出街道等;另一方面要加快"城中镇""园中村"等改造,从空间的精细化管理和居民的高品质服务出发,而不是从管理者利益出发,妥善处理农村集体资产,适时推进村改居、镇改街道的工作。

此外,应规范新城中一些不规范的建制专名,如嘉定新城和南汇新城应对"嘉定镇街道""南汇新城镇"等通名专名化的情况进行优化。另外,像菊园新区管委会、工业园区管委会等准政区命名的表述也需要规范。随着未来新城城市化进程的加速,村改居会加速,新建居民委员会的名称也应规范化和人文化。据2018年对全市16个区4 364个居民委员会名称的全样本分析发现,在超大城市郊区快速城镇化的进程中,为了更好地应对城乡接合部的过渡性管理,一些基层建制的名称不甚规范。在居民委员会的取名上,也存在缺乏人文美感的情况。

5.4 宏观区域尺度:新城的跨界拓展

五个新城建设成功与否的关键是,在长三角区域中能否形成综合性节点城市,即自身也成为一个辐射心、增长极、扩散源,而不单单是在接受中心城区辐射扩散中建设发展,正如原浦东新区一样,在"声东击西"中自身不断建设为外向型、多功能、现代化的新城区,并且在辐射南汇、临港后进一步成为辐射长三角的重要节点,如向北通过崇明到达南通,向南通过大小洋山港到达舟山、宁波等地。

5.4.1 上海在长三角区域尺度上的区划调整

作为独立综合性节点城市,五个新城未来必然要有自己的拓展腹地,寻求自身的腹地有两个路径:一是通过政区跨界治理(功能区)来拓展腹地;二是不打破行政区划界线的功能区拓展。通过行政区划调整是大都市区拓展空间范围的一个选择,如上海市曾在1958年从江苏划入10个县从而奠定了目前的市域规模和结构。但是从世界范围都市区的发展来看,早期以兼并行政区为拓展手段,在进入城市化稳定发展阶段后,则开始进入不打破行政区划的功能区拓展时期。一方面,进入21世纪以来,在新区域主义和多中心治理思潮下,大多数国家选择通过区域合作、多元治理的方式进行超大城市的空间联动;另一方面,行政区划调整的交易成本和行政运行成本往往较高,也限制了政区拓展路径的选择。

5.4.2 政策建议

就上海市域空间面积而言,五大新城应该是上海在行政辖区内最后一块战略纵深空间,因此,未来的城市拓展将主要以功能区拓展为主,行政区拓展的可能性非常小。而新城作为长三角区域一体化的桥头堡和前沿阵地,一方面可以提高上海市"中心辐射"的效率,另一方面可以通过承接江浙皖入沪就医就学的需求,缓解中心城区拥挤的压力。而就高效规范推动五大新城与长三角的联动协同而言,放大已有区域一体化探索经验是一条重要路径。

一是借鉴G60科创走廊经验,依托重要交通和地理走廊及其节点,推进新城的长三角一体化。总结归纳松江新城G60科创走廊建设经验,发挥交通走廊、生态廊道等空间串联效应,推动各大新城与长三角的连接,如青浦新城可打造G50生态绿色发展走廊,嘉定新城可打造G42高端智能制造走廊,南汇新城和奉贤新城可打造环杭州湾海洋经济走廊等。

二是优化"行政协议"制度,以"府际规范高效合作"来更好地推动新城的长三角一体化。强化"行政协议"制度创新,包括建立"行政协议"的标准、指南和清单以及"行政救济机制"等,让地方政府间的规划、交通、产业、民生、人口等政策协同及更好落地。

三是借鉴"毗邻党建"制度,通过党建联建、交叉任职等方式来破解毗邻地区的跨界治理问题。例如,之前上海金山区枫泾镇与浙江嘉兴市新埭镇的飞地成为倾倒垃圾的垃圾山,后来两地通过毗邻党建的方式把垃圾山改造成生态公园。

四是虹桥国际开放枢纽的建设应从市级层面将虹桥与临近的嘉定新城、青浦新城、松江新城等联动起来,通过联动招商、分级落地等机制,实现虹桥—新城和长三角区域一体化的新格局。

五是借助"数字化治理",率先在五大新城推动城市数字化转型,并聚焦区域一体化应用场景,包括异地注册、异地养老、远程就医、远程教育等,再通过线上长三角一体化建设来推动线下一体化建设。

(执笔人:熊竞)

第5章参考文献

[1] 朱迪丝·德·容. 新型城市郊区化[M]. 张靓秋,宫本丽,译. 武汉:华中科技大学出版社,2016.

第5章图片来源

图5-1源自:笔者根据上海市地理信息公共服务平台上海市政区简图[审图号为沪S(2023)071号]绘制.

6 开发区与行政区的叠合问题及其融合路径：以长三角地区为例

6.1 开发区与行政区协调发展研究进展

开发区与行政区之间的相互空间关系，不仅具有显著的时空阶段特征，而且具有深刻的理论发展内涵。自20世纪改革开放以来，各大城市兴建的开发区作为一种新的空间组织形态，积极促进了城市的功能转型、空间扩张以及结构更新。因此，开发区的建设和发展在一定程度上是中国城市近40年发生剧烈变化的主导因素，基于行政区建立的各级各类开发区已经成为中国特色城镇化发展的主要载体模式，在中国经济不断发展和城市空间持续扩张的过程中具有不可替代的地位和特征[1]。中国在核心、高新、基础的关键性技术上的投入仍然不足，创新技术转化为生产力的能力不够，而以国内大循环为主体、国内国际双循环相互促进的新发展格局将是促进开发区与行政区转型发展的重要契机。改革开放以来，开发区作为推进城镇化与区域发展的重要空间组织形式，已经日益成为中国快速城镇化的关键主体。开发区是城市地域与乡村地域彼此相互作用的过渡地带，也是中国城乡关系矛盾复杂变化的前沿区域，更是城市空间不断建设与剧烈更新的地理空间基础。行政区划并不必然就是区域合作和协同发展的障碍和壁垒，行政区划本身也是一种资源，用得好是推动区域协同发展的更大优势[2]。破除资源流动障碍与优化行政区划设置，有助于强化对区域发展的辐射带动作用。就开发区问题而言，充分破解行政区与开发区的叠合问题是推动长三角区域一体化实现高质量发展的重要途径。目前，开发区与行政区的协调发展基本集中在以下几方面的研究主题：

在理论层面，开发区的阶段发展在产业集群和产业转移过程中发挥了重要的区域增长极作用。作为虚体性治理单元的开发区可以克服行政区等实体性治理单元的弱点[3]，是特定经济结构背景下作为体制改革试验的特定政策空间载体并逐渐演化成地域产业经济开发的增长极[4]。开发区的大量涌现折射和推动了政府空间组织的多重战略性转型趋势[5]，具有"过渡性"色彩的开发区管理体制却日渐陷入"内卷化"的发展困境，主要表现为法定不明、体制复归、功能不适和绩效递减倾向[6]。开发区与行政区的关系整体呈现出多层代理与碎片协调的格局，开发区托管行政区成为主流模式[7]。因此,开发区管委会体制缺乏统一规范,导致其府际关系长期处于相对模糊的状态。

在实证层面,开发区与行政区之间的跨界发展已经成为区域产业创新发展的重要战略方向。制度空间以不同的方式参与开发区各个阶段的空间生产,并促使经济社会空间生产与空间治理重构互相耦合[8]。降低行政壁垒对跨区集群的制约效应将会使集群创新的边界变得模糊,进而支持地方对接国家战略长三角一体化的发展[9]。当社会基本结构深刻变动以及政府职能重心发生位移,开发区也必然需要调整行政区划以实现管理体制的创新[10]。如国家级新区在社会发展需要、政府职能重心和行政区划体制之间实际上是一种耦合结构,其管理体制的创新方向是行政一体化[11]。基于苏州、青岛和无锡等地的实证研究也表明,开发区管理体制创新的实质是防范体制惯性、克服路径依赖和理清体制不顺[12]。

在对策层面,开发区与行政区之间跨界的关系矛盾已经成为产业创新发展的关键瓶颈。未来需要平衡改革与规制间的张力及理顺开发区与行政区间的权责关系,以提升开发区管理体制的"适应性效率"[6]。理顺围绕管委会形成的府际关系网络,有助于实现从传统的行政管理向区域的协同共治转变[13]。只有使经济区划与行政区划相统一,将区域内省市间影响一体化进程的种种利益矛盾通过内部化的方式加以解决,才能实现产业要素的合理流动[14]。政区合一体制造就了内部具有高度整合性的自主性经济官僚机构,能够为创新发展提供强有力的政策和资源支持[15]。开发区应当从中央和地方两个方面深化行政机构改革和法定化,并在长三角乃至全国推广法定机构的成熟经验,以配合国家治理现代化进程[16]。

6.2 开发区与行政区的空间关系与案例

6.2.1 开发区与行政区的空间关系

就1990年以来中国县级以上行政区划调整的案例数而言,在1 717件区划调整案例中长三角行政区划调整的案例数量占比超过16%,主要类型包括撤县设县级市、撤县级市设区、撤县设区、乡镇划转、更名、区区合并等(上述区划调整类型占比约为3/5),其他还包括新设区、县划转、驻地迁移等区划调整方式。就省级以上开发区数量而言,长三角占全国的比重超过18%,长三角所有开发区数量中约70%为省级开发区。就省级以上开发区面积而言,长三角占全国的比重接近30%,长三角所有开发区面积中超过3/5为省级开发区。

进一步来看,本章对长三角省级以上开发区发生县级以上行政区划调整的案例类型展开深入分析。目前长三角地区拥有省级以上开发区466家,其中,国家级和省级开发区的占比分别为31%和69%。自1990年以来,长三角有约70%的省级以上开发区的管理机构所在政区进行了县级以上行政区划调整(图6-1、图6-2)。就开发区角度而言,其所属政区在近30年发生区划调整的复合统计次数为510例,主要包括乡镇街划转、撤县/县级市设区、撤县设县级市、区区或区县合并、县/县级市/区划转、更名、新设区/县、驻地迁移、撤区设县/县级市等。

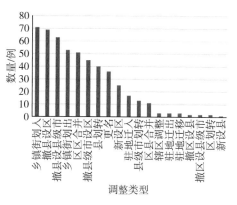

图6-1 长三角开发区涉及
的主要区划调整类型

图6-2 长三角省级以上
开发区的政区基底关系

在省级以上开发区为主的开发区建设过程中,还伴随着大量的地方性开发区园区的建设(图6-3)。本章通过网络数据挖掘发现,长三角省级以下类型的开发园区数量约是省级以上开发区的24倍,并且在县域范围内的布局比重有所增长,但是省级以下的地方性开发园区仍然有72%分布在市辖区范围。长三角的开发区与行政区之间的空间关系基本可以分为三种:一是横向叠合关系,即各级各类开发区在政区分布上缺少民政部门

省市	类别	国家级/家	省级/家	其他/家
安徽	市辖区	17	30	167
	县域	3	31	128
	总计	20	61	295
江苏	市辖区	45	47	815
	县域	6	20	397
	总计	51	67	1 212
上海	市辖区	18	33	535
	总计	18	33	535
浙江	市辖区	23	22	493
	县域	3	27	257
	总计	26	49	750

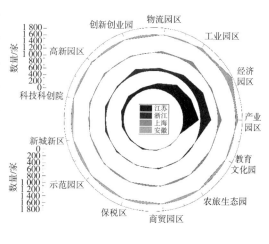

图6-3 长三角各级各类开发区的政区统计及其数量对比

的参与和约束,开始出现新一轮由市辖区向县域的广延式蔓延;二是纵向叠合关系,以国家级和省级为主的开发区具有普遍的政区托管、代管现象,使其存在国家核准、省市规划乃至县乡管辖等面积之间的层级式扩张;三是要素叠合关系,开发区是以县级政区为主并关涉产业资本集聚的城市增长极,其发展阶段体现为跨政区的复合式演变。据此,本章对三种空间关系所表现的具体案例继续进行进一步考察,并思考开发区与行政区的叠合问题与融合路径。

6.2.2 开发区与行政区叠合的案例分析

1)"区区合并"的典型案例——江苏常州经济开发区

江苏省常州市经国务院批准在2015年通过"区区合并"方式进行了部分行政区划调整,撤销武进区和戚墅堰区设立新的武进区,以原武进(不含奔牛镇、郑陆镇、邹区镇)和戚墅堰区的行政区域为新设立的武进区的行政区域①。同年6月,常州市正式设立江苏常州经济开发区作为市委、市政府的派出机构并接受武进区委托管理,武进区则将三个镇(横林、遥观、横山桥)和三个街道(潞城、丁堰、戚墅堰)委托给常州经济开发区管理,开发区地域面积达到181.27 km²,约占所在县级行政区范围的17%。为理顺市与武进区、武进区与经济开发区的工作关系,常州市在2019年继续对该开发区的管理体制进行优化调整,明确规定常州经济开发区的所有工作从2020年开始均直接对应市委、市政府,该开发区对区域范围内的镇、街道自此拥有直接的领导权和管理权,辖有行政村54个、社区31个(表6-1)。常州市在融入苏锡常乃至长三角一体化的过程中,正在探索与上海市共建"飞地经济",以期在区域跨界融合方面取得实质突破。

表6-1 江苏常州经济开发区与武进区叠加的基层政区情况对比

乡级政区	面积/km²	所辖行政村/个	所辖社区/个
横林镇	46.68	15	5
遥观镇	44.68	15	7
横山桥镇	58.23	19	4
潞城街道	16.77	5	2
丁堰街道	10.18	0	6
戚墅堰街道	4.73	0	7

2)"辖区重组"典型案例——芜湖三山经济开发区和高新技术产业开发区

2018年安徽省政府同意撤销芜湖承接产业转移集中示范园区、安徽芜湖三山经济开发区,将其整体并入安徽芜湖长江大桥综合经济开发区,使用"安徽芜湖三山经济开发区"的名称并加挂"芜湖承接产业转移集中示范园区"的牌子。另外,国家级芜湖高新技术产业开发区与原弋江区在2015年经省政府批准便开始实行"两区合一"的管理体制,探索开发区和行政区产城融合发展。2020年,经国务院批复同意进行行政区划调整,撤销芜湖市三山区、弋江区并设立新的弋江区,以原三山区和原弋江区的行政区域为新的弋江区的行政区域②。其中,原三山区行政区域委托安徽芜湖三山经济开发区管理,安徽芜湖三山经济开发区和芜湖长江大桥综合经济开发区实行两块牌子、一套班子、一体管理,同时继续保留"芜湖承接产业转移集中示范园区"的牌子,区域面积为319.7 km²,下辖1个镇和4个街道。可见,省级和国家级开发区的快速发展促成了"区区合并"的行政区划调整,由此又形成了国家级开发区与县级行政区"两区合一"及其同时内含多个省级开发区乃至镇街托管的复杂叠合问题。

3)"一区多园"典型案例——上海松江经济技术开发区与上海张江高新技术产业开发区

上海松江经济技术开发区的总规划面积为57.77 km²③,形成了典型的"一核多区,一区多园"的分散格局(图6-4):"一核"即指开发区核心区(松江工业区与出口加工区A区及B区),"多区"是指松江区的新桥镇、车墩镇、石湖荡镇、小昆山镇等对应的分区以及青浦区的练塘镇分区;"一区多园"是指将开发区核心区分成四大板块,即东部的中小企业创新产业园,中部的外商投资集聚产业园,出口加工区的综合保税园区,西部的科技产业园。可见,松江经济技术开发区不仅涉及开发区与子园区的叠合关系,而且子园区之间也存在多样分散的空间布局,并且在此基础上再次叠加跨越多个县级政区与乡级政区的突出特征。类似典型案例还有上海张江高新技术产业开发区。自1992年起,上海先后成立张江核心园、金桥园等高科技园区,高新技术产业开发区从最初的1个园逐渐扩展到2个园、6个园、8个园、12个园、18个园直到目前的22个园(表6-2),总面积约为532 km²,已覆盖上海市16个县级行政区④。2006年国务院批准上海各高

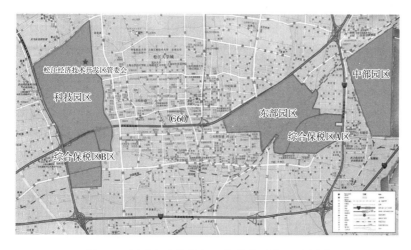

图6-4 国家级上海松江经济技术开发区示意图

科技园整体更名为"上海张江高新技术产业开发区",2011年国务院批复同意支持上海张江高新技术产业开发区建设国家自主创新示范区,赋予张江深化改革、先行先试的使命。

表6-2　上海张江高新技术产业开发区子园区及其面积情况

园区名称	区块数/个	用地面积/km²	园区名称	区块数/个	用地面积/km²
张江核心园	9	74.41	松江园	6	21.20
漕河泾园	3	22.08	普陀园	2	10.08
金桥园	8	51.81	陆家嘴园	3	5.69
静安园	4	17.73	临港园	4	48.98
青浦园	6	19.79	奉贤园	4	18.88
嘉定园	13	51.59	金山园	9	30.20
杨浦园	6	23.60	崇明园	6	15.24
长宁园	3	10.21	宝山园	10	30.63
徐汇园	6	8.54	世博园	4	5.54
虹口园	5	7.88	黄浦园	2	5.28
闵行园	12	42.30	自贸保税园	3	10.08

4)"整合拓围"典型案例——平湖经济技术开发区等

平湖经济技术开发区于1996年在原平湖工业园区的基础上演变成立,后经浙江省政府批准在2000年正式升级为省级开发区,核准面积为5 km²。但是在2002年底,浙江省政府便批准其扩大规划面积至16.5 km²,合并批准面积为21.5 km²。2005年经国家发展和改革委员会审核设立并公告,平湖经济技术开发区经国土资源部核准的面积为16.19 km²,并于2013年经国务院批准升格为国家级经济技术开发区。浙江省政府于2020年批准以平湖经济技术开发区为核心实施市本级开发区(园区)的整合提升⑤,整合包括1个开发区和5个工业园区,总面积达到104 km²。与此类似的另一典型案例为国家级开发区当中的绍兴柯桥经济技术开发区,该开发区最初是浙江省于1993年批准成立的首批省级经济技术开发区,2006年由国家发展和改革委员会与国土资源部核准区域面积为9.9 km²,先后开发建设有柯西工业园区、柯东工业园区、柯北工业园区以及柯西服装工业园区。在2010年第一次整合提升中,柯桥经济技术开发区经浙江省政府批准同意实施就近整合方案,开发区面积扩增为64.7 km²,并于2012年经国务院批准正式升级为国家级经济技术开发区。在2014年第二次整合提升中,在原方案中划出柯东和柯西两个工业园区共11.9 km²,把就近的滨海工业区(113 km²)列入辐射带动区块,经浙江省政府同意,整合提升后的开发区面积扩增为165.8 km²。在2020年第三次整合提升中,浙江省政府批复同意将开发区总体规划面积进一步扩增为 198.7 km² 且下辖 6 个街道。在三次整合提升的过程中,绍兴柯桥经济技术开发区的规划面积约扩增至原先核准面积的 20 倍。

5)"逐级升格"典型案例——富阳经济技术开发区

原富阳县在 1992 年成立的经济开发区为"三区一城"格局,包括富阳县富春湾开发区、银湖综合开发区、富阳县高桥工业开发区和富阳农民城。后来,该经济开发区在 1993 年经浙江省政府批准升格为省级经济开发区。1994 年经国务院批准,富阳县通过"撤县设市"的方式正式被设立为县级富阳市,行政区域和隶属关系保持不变。浙江富阳经济开发区在 2010 年被整合为"一区六城"格局,并于 2012 年经国务院批准升格为国家级经济技术开发区,正式更名为富阳经济技术开发区。次年,富阳市重新调整开发区管辖范围及功能定位,将其提升为"一区六城"。2014 年 12 月,杭州市经国务院批准通过"撤市设区"的方式正式将县级富阳市设立为富阳区⑥,行政区域保持不变。2017 年富阳区进一步将富阳经济技术开发区的管辖范围调整为银湖新区、东洲新区、场口新区和新登新区,同年经由杭州市政府批准,富阳经济技术开发区管委会升格为副局级单位。在杭州市最新一轮的整合提升过程中,富阳经济技术开发区的规划面积被调整为 106.04 km²⑦,主要包括银湖新区、东洲新区、场口新区、新登新区、金桥新区 5 个直管区和江南新区 1 个托管区。可见,富阳经济技术开发区在历经多次逐级升格的同时,也伴随着县级政区的不断调整,实现"县-县级市-区"三次整建制区划调整,而开发区与子园区的组合方式基本稳定为"一区六园"模式。在开发区与行政区交互升级的过程中,子园区也在数次整合提升中经历了新城到新区的转变,并在空间上形成了较大规模的直管区和托管区。

6)"跨界联动"典型案例——宁波杭州湾经济技术开发区等

2001 年杭州湾跨海大桥的立项建设,促使慈溪经济开发区由慈溪市城区迁入同年启动开发的杭州湾新区。2005 年国务院批准在慈溪经济开发区内设立浙江慈溪出口加工区,同年宁波市成立浙江慈溪出口加工区(经济开发区)管委会,将其作为市政府派出机构。在整合慈溪出口加工区、经济开发区管委会的基础上,浙江省政府于 2010 年同意设立宁波杭州湾新区管委会,与经济开发区实行一套班子运作。2014 年经济开发区由国务院批准升格为国家级经济技术开发区,规划面积为 10 km² 且授权管辖面积达 235 km²,并于次年经商务部批准更名为宁波杭州湾经济技术开发区。此后,浙江省于 2019 年批复设立宁波前湾新区并将其定位为沪浙合作发展区⑧,规划控制总面积达 604 km²,空间范围包括原宁波杭州湾产业集聚区(约 353.2 km²)和与其接壤的余姚片区(约 106.6 km²)、慈溪片区(约 144.2 km²),保持宁波杭州湾经济技术开发区、慈溪出口加工区等现有国家级牌子不变,撤销宁波杭州湾产业集聚区等省级以下产业平台的牌子。宁波杭州湾经济技术开发区管委会为市级派出机构,对开发区统一履行经济、社会、文化、生态文明建设和党的建设等各项管理职能。该开发区跨越宁波市的慈溪市和余姚市两个县级行政区,并由宁波市与上海市实行跨省级行政区的区域联动发展。同时,作为沪浙首个跨省级行政区合作的园区——海宁经济开发区,在2018年与海昌街道实施"区街合一,以区为主"的融合发展新模式,区域总面积为133.178 km²,其中国家核准面积占比仅有4%,但是授权托管占比有9%,而拟授权托管占比约为87%。在跨政区合作方面,安徽省的巢湖市与含山县合作建设巢含产业合作园区,也开启了"两地三方"跨市区域经济合作新模式。

7)"区镇/街合一"典型案例——杭州经济技术开发区等

杭州经济技术开发区由国务院于1993年正式批准设立,2000年又批准在开发区内设立浙江杭州出口加工区,此后又筹建了多个子工业园区。为加快大江东区域一体化发展的战略部署,杭州市于2009年通过"撤镇设街"方式推动"城街合一、以城带街"运行模式,江东和临江两个新城自此正式挂牌。2012年杭州大江东产业集聚区管委会成立,2014年被明确为市级派出机构,对区域统一履行经济、社会、文化、生态文明建设和党的建设各项管理职能。2015年大江东产业集聚区正式实体化运作,同年国家级萧山临江高新技术产业开发区获批。在此基础上,浙江省政府于2019年批复设立杭州钱塘新区,并于2021年通过"辖区重组"的区划调整方式正式设立杭州市钱塘区,以原江干区的2个街道和萧山区的4个街道为钱塘区行政区域。作为政区型城市新区,钱塘新区规划控制总面积为531.7 km²,空间范围包括原杭州经济技术开发区和原杭州大江东产业集聚区,下辖下沙街道、白杨街道、河庄街道、义蓬街道、新湾街道、临江街道、前进街道7个街道。类似的,独山港经济开发区在2005年与全塘镇政府合署,2009年通过乡镇级区划调整方式撤销了原来的全塘和黄姑两镇建制,成立了新的独山港镇并与开发区管委会合署办公,按照"区镇合一、以区为主"的管理体制运行,2014年正式升级更名为省级经济开发区"浙江独山港经济开发区",总规划面积为111.9 km²。此外,浙江桐乡经济开发区与高桥街道在2017年也开始实行"区街合一"模式,并且总规划面积在"一区多园"的深化整合中扩增为93.31 km²,下辖22个行政村、3个社区。

8)"体制创新"典型案例——龙港经济开发区等

在初期打造现代化组合型港口城市和实施江南海涂围垦项目的基础上,苍南县于2012年成立龙港新城开发建设管委会,2019年龙港镇通过"撤镇设市"转变为全国唯一实行"大部制、扁平化"行政管理体制改革的县级市。2020年浙江省政府便同意整合设立浙江龙港经济开发区,实行省级经济开发区政策,开发区规划面积为20.11 km²,分三个区块。类似的,江苏省姜堰经济开发区作为泰州市委、市政府的派出机关并委托泰州市姜堰区管理,其管理机构级别为副处级,实行开发区党工委(管委会)领导下的"园区+街道+集团公司"的运营机制,统分联动经济发展和社会治理两大功能,总规划面积近100 km²。同样,宁波经济技术开发区为1984年设立的全国首批 14 家国家级开发区之一,规划面积为 3.9 km²,1992 年扩大到 29.6 km²,同时撤销原北仑港工业区,将其纳入开发区管理,2002 年底宁波经济技术开发区与北仑区合并实行"一套班子、两块牌子"的新管理体制,开发区管辖面积为北仑区全域,包括陆域面积 615 km² 和海域面积 258 km²。此外,安吉经济开发区的区域面积高达 287 km²,约占县级行政区安吉县的 1/7。

6.3 开发区与行政区的叠合特征与问题

6.3.1 开发区与行政区的叠合特征

本章尝试对开发区的空间结构进行分析,图 6-5 体现了开发区的建设是一个立体的、多维的、多因素交互作用的空间叠合过程,其主要特征表现在如下几个方面:

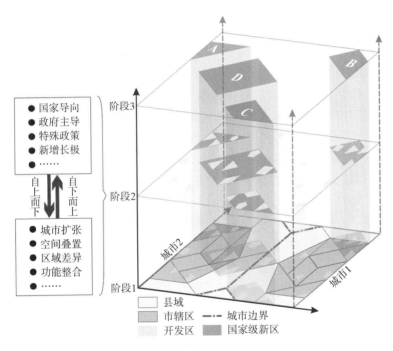

图 6-5 开发区与行政区的叠合特征结构

(1) 开发区是中国在开放开发过程中进一步改革探索的城市发展模式,开发区实践的关键在于实现新空间的拓展,它具有不同于传统行政区的自身特性。一方面,不同级别开发区的空间规模差异显著。一般低级别开发区的规划面积大多只在数平方千米范围之内,而部分省级或国家级开发区的面积则高达几百甚至上千平方千米,甚至大于所在地区单个县级政区的面积。虽然地方开发区也存在规模偏大的现象,但其规划范围大多在地方县级政区规模以下。另一方面,不同类型开发区的发展差异显著。目前,已经形成广义上的各级各类开发园区约有 13 种、11 600 家,省级以上开发区主要涉及经济技术开发区、高新技术产业开发区、保税区、出口加工区等 9 种类型。产城融合型开发区是一种"复合功能区",体现了社会管理职能和经济发展职能的兼顾,而其他类型的工业主导型开发区则多属于专业的"单一功能区",集中聚焦于经济或产业发展职能。复合性是产城融合型开发区有别于其他开发区的最大特征,这进一步强化其作为区域增长极的空间战略意义。

(2) 开发区是一个基本遵循"单一功能区→复合功能区→综合功能区"概念演化的空间叠合过程。正如英文词义所指,zone 主要是指具有某些特定职能或特点的区域,area 主要是指复合意义上的区域且界限较为明确,district 主要是指由政府等机构出于行政管理等目的而明确划分的、严格的行政分区。因此,从具有单一功能的"工业主导型开发区"到具有复合功能的"产城融合型开发区"再到具有绝对管辖功能的"城市政区型开发区",这是贯穿中国开发区发展过程的重要演化特征。同时,各种类型的"区"之间并不是相互排斥的,同一个地方可以同时具备多种"区"的身份。省级以上开发区范围内常常包含其他一些不同等级、不同种类的开发区,并逐步形成了一种以行政区、开发区、自贸区、高新区、保税区、新城新区等不同空间类型为主的复合叠加过程。

(3) 开发区具有不同的管理体制和空间设置类型。在不同的发展阶段,开发区往往会根据自身实际情况采取不同的行政管理体制,大致可分为管委会型、政区合一型和政府型三类。开发区的早期阶段主要采取管委会型,它作为政府派出机构主要行使开发建设管理权限,辖区内的社会事务仍由所属行政区负责。若开发区的规划范围与所属行政区范围相互重合,开发区管委会通常会与地方政府采取合署办公的形式。在较为成熟的后期阶段,城市规模持续扩张且人口数量急剧增多,开发区有必要去突破原有的行政区束缚以承担起更多的城市建设、社会管理与服务职能,故开发区亟须经由国务院批准成立一级建制政府并实现向独立行政区的融合或转变,并在法律层面获得完整独立的行政管理权限。同时,开发区的空间设置类型大致可以分为四类:A 表示由同一城市单一市辖区的整建制或部分组成;B 表示由同一城市市辖区与县域政区的整建制或部分组成;C 表示由同一城市单一县域政区的整建制或部分组成;D 则表示由不同城市市辖区与县域政区的整建制或部分组成。A、B、C、D 四种空间设置类型的演变,反映了开发区在城市扩张过程中不断实现对不同行政区界限的突破。

(4) 开发区的发展是一个"自下而上"与"自上而下"双向作用的过程。一方面,它体现了地方自下而上的发展诉求。随着大量单一功能开发区的不断增设与发展,其社会服务与管理等功能诉求日益强化,从而需要采取一系列更为综合的措施来对开发区进行功能整合,尤其是要破解一些体制机制上的瓶颈。同时,传统"先后有别"的梯度开发战略使得区域或城乡之间发展不平衡、发展不充分的矛盾日益突出。因此,不同尺度开始进行以"产城融合"为导向的开发区建设,并不断追求更高级别以获得更多的发展特权和政策支持。产城融合型开发区也因此成为中国开发区转型发展的主要模式和城市空间进行新一轮规模扩张的重要方式。另一方面,开发区体现了国家自上而下的权力支配。基于不同尺度的战略布局,上级政府会选择性授意地方政府推进开发区筹建工作并形成严格的行政管理体制。一是开发区主要由政府批准设立并由主管部门进行必要的监督指导和定期报告,同样开发区应定期向主管部门报告;二是国土资源、环境保护、住房和城乡建设等主管部门则按照设立标准与审核程序,配合规范开发区的设立与发展;三是地方层面还会建立省级或地级议事协调机制,管理机构的主要领导通常由省级、市级、县级主要领导干部直接兼任。

6.3.2 开发区与行政区的主要问题

一是开发区代管行政区的现象较为严重。不少地方政府为发挥开发区的资源集中优势和辐射带动能力,陆续将部分乡、镇、街道以及行政村委托给开发区代为管理,并且开发区面积变动的随意性较大。代管现象在促进开发和加快发展的同时也导致了不断的空间扩张和人口集聚,越来越多的管委会在承担经济发展职责的同时还要兼顾社会管理职责,繁杂的社会事务直接阻碍了开发区主要职责的体现,部分开发区甚至建有除人民代表大会和政治协商会议之外的各种行政机构,超编严重和机构臃肿等问题尤为突出,开发区成为准政府的行政化倾向日益凸显。不少开发区呈现出由单一功能的工业主导型开发区转向复合功能的产城融合型开发区的发展趋势,其管理体制在现实中也逐渐由派出机构代行职能的准政府转型为具有一级行政区性质的新型行政体制。很多开发区的规划管理范围与行政区划不统一,随着区域边界的成倍扩张其代管面积已严重超过原批复文件的核准面积,如2017年吉林省省级以上开发区总规划面积为 $4\ 240\ \text{km}^2$,而加上代管的乡、镇、街道和社区之后的实际管辖面积高达 $8\ 810\ \text{km}^2$。

二是行政下放开发区的权限不够充分。空间的多重叠合通常面临来自开发区和行政区的双重管理,并引发管委会和政府、中央与地方之间的分权问题。管委会源自政府下放的经济管理权限相对不充分,管委会和各级政府部门的经济权责界定相对模糊。近些年国家和一些省市部门对工商、税务、规划等管理机构逐步实施垂直领导,省市层面原先赋予开发区的权限不断被各部门现行的纵向集中管理所分化,导致诸如土地储备、批次申报、项目审批、经济管理、环境执法等管理权下放不到位,没有审批权的开发区必须经历与各独立派驻机构的复杂协调过程,开发区的行政效率受到多方限制,如开发区企业在政府相关部门和管委会相关部门之间办理生产或经营审批事项时明显存在较低的办事效率,故开发区保障经济发展的职能主要体现为帮助企业协调与上级政府部门的事务处理。开发区定位不准和授权不足进一步导致管委会与其所在地的原行政区在社会管理和经济利益方面产生多面冲突。部分享有特殊政策的开发区属于封闭管理且自主权较大，导致开发区与所在行政区出现社会管理上的不对接；企业分散分布且没有实行封闭管理的开发区，大多与行政区存在管理范围上的交叉问题，容易造成开发区范围内行政职能的碎片化，不利于开发区形成统一的规划和管理。

三是在政区转向中开发区内部设置不合理且经济功能被弱化。一方面，按规定属于行政机构的开发区管委会却在机构设置与人事编制方面大多缺乏决定权和管理权且机构规格并不统一，大部分开发区管委会只能更多地聘用包括事业编制和合同编制在内的非行政编制人员，即使省级开发区管委会也会被分为不同级别行政区政府的派出主体，管委会机构规格的差别导致省级开发区功能在经济社会管理权限上出现更大差异，而管委会所属的不同事业单位和党政机构的规格也存在规格设定较为混乱和职位设置缺乏协调等问题。另一方面，开发区管理机构早期主要集中在土地开发、招商引资、企业服务等经济职能方面，开发区的深入建设和快速发展带来了空间规模的扩张及其区内人口的增加，开发区需要兼顾管理和服务城市居民、外来人口、农村人口，社区建设、文化教育、医疗卫生、劳动保障、民政福利、治安管理等社会事务愈加繁重，不少开发区在以经济指标为主要考核的过程中，还需超出其原有职责范围同其他行政区参加统一的会务与评比事项，相应对口工作机构的增加无疑会导致开发区人少事多的矛盾日益凸显，产业开发功能逐渐弱化。

6.4 开发区与行政区的融合对策与建议

6.4.1 规范开发区对行政区的代管现象

在现有的法律法规下，开发区管委会的管理权限与政策优势是否应该扩展至代管区域仍有待商榷，建议民政部门应依据行政区划管理的有关规定来严格界定开发区管理机构的管辖范围。代管模式日益成为许多开发区突破空间限制的一种普遍做法，但是缺乏约束的代管很容易造成开发区违规用地等问题，特别是代管模式下激增的开发区控制用地可能会引发开发区用地的再次失控。若开发区分散布局在城市不同的行政区，建议乡镇或街道应该由所在行政区政府直接管辖，若开发区集中布局在城市某一乡级政区范围内，则可在严格限制的基础上适当采取开发区代管乡镇或街道的方法，开发区代管乡镇或街道很容易造成辖区过大，既不利于集中精力抓好经济管理和投资服务也不便于被代管乡镇或街道的社会管理和服务。建议在国家层面明确开发区代管乡镇或街道的事宜应经由民政部门审核，民政部门应与国家相关部门协商出台有利于开发区管理的规范性文件，并在管控增量和兼顾存量的基础上稳步有序地管控开发区的代管现象。建议民政部门应将开发区代管乡镇或街道等事项纳入行政区划管理范畴,稳步有序地按照相关规定开展区划调整区域的实地调研、科学论证和程序审批,并禁止开发区管委会随意实施托管和代管行为,确有需要的则因行政区划调整要进行依法报批,以确保行政区划工作的严肃性和权威性。

6.4.2 明确开发区基于行政区的过渡职能

开发区作为区域经济发展的空间载体,其管理体制本身具有一定的过渡性,当开发区完成空间发展使命或无法继续高效推进时,应该及时有序地通过管理方式的转变实现开发区与行政区的融合。对于与城区融合度较高、城市功能健全且无工业用地的开发区,可逐步将其交由相邻行政区或成立新的一级行政区进行管理,其社会管理职能以及在编人员则可并入相应行政区的政府,同时存留开发区产业开发机构和在编人员并结合"扩区增容"继续承担新阶段的开发建设任务。对于部分发展较差甚至停滞不前的开发区可以探索公司化运营,如通过撤销社会管理机构以及减少代管乡镇或街道等措施来减少行政支出,保留开发区管理办公室负责日常事务协调,其他管理职能则转交至所在地行政区政府,开发区工作人员则被分流到公司继续参与经营管理。在理顺开发区管理体制的过程中,必须重视总体规范并注意因地制宜。发展相对成熟的省级以上开发区要统一规范其主要内设机构,同时,允许不同尺度的开发区结合发展实际进行某些内设机构的增设,内设机构级别也应充分考虑开发区自身级别,以便调动开发区范围内干部群众的积极性以及吸引外部优秀人才。开发区管理体制的完善是一个需要不断探索与改进的过程,不同层次、不同规模和不同发展水平的开发区在管理体制上要区别对待。

6.4.3 坚持开发区向行政区有序转型

开发区在本质上终会成为城市空间的有机组成部分并将被赋予行政区职能。促进开发区与行政区的融合发展有助于理顺地方行政管理体制并充分发挥其发展经济、行政管理、公共服务的综合优势,一些高新技术产业开发区(如苏州高新技术产业开发区、常州高新技术产业开发区和无锡高新技术产业开发区)与国家级新区(上海浦东新区与天津滨海新区)均采取了开发区与行政区融合发展的模式,这种发展模式能够有效解决开发区空间管理的问题。因此,行政区划调整是促进开发区与行政区融合发展的重要手段,建议国家建立跨部门的议事协调机制,各部门在批设开发区之前应征询同级民政部门的意见。根据不同级别和类型开发区的发展阶段、区位条件及其城镇化的现实需求,建议稳步有序地推进开发区与行政区的融合发展:对于中心城区或者与城区连片发展的开发区,可探索开发区并入相应行政区;对于远离中心城区且条件比较成熟的开发区,可探索设立新的行政区;对于暂时不宜转化为行政区的开发区,可实行开发区与行政区合署管理的体制模式,待相关条件成熟后再逐步融入行政区。同时,加强开发区在行政区划调整中的社会稳定性风险评估,全面评估行政区划调整可能引发的社会稳定与地区发展的风险,并形成规范可行的风险防控措施。

6.4.4 创新区划体制下开发区的统一管理

在统一开发区名称方面,在促进开发区与行政区融合发展的过程中,应该创新推动在长三角一体化过程中开发区的规范命名工作,建议统一调整为省级行政区名＋(地级行政区名)＋县级行政区名＋实体名＋级别＋开发区种类名,如江苏省南京市溧水区白马国家高新技术产业开发区或江苏溧水白马国家高新技术产业开发区。其中,如果确有需要体现开发区具体特色的,可以经过省政府或国务院批准加挂其他牌子。在开发区整合方面,推进长三角以发展水平较高的国家级和省级开发区为主体,加快整合区位相邻相近以及产业同质的较小开发区。对小而散、大而弱的各类开发区进行清理、整合、撤销,并从区域层面建立统一的行政区划监管机构实行统一管理。支持国家级开发区跨政区整合、适度托管开发区,被整合开发区的地区生产总值、财政收入等统计数据可按政区属地原则进行分成。长三角的开发区整合应以县级政区为主要单元,基本遵循"一县一区、一区多园"目标原则,建议按照"一个平台、一个主体、一套班子"完善开发区管理体制和运营机制。指导具备条件的开发区管理机构与其主体行政区进行合并或合署办公,具体可以通过匹配不同政区采取城区合一、县区合一、镇区合一等统合模式。同时,允许开发区引进公司制管理模式,或引入专业机构负责开发区的建设、运营及管理工作。

(执笔人:庄良、叶超)

第 6 章注释

① 参见《国务院关于同意江苏省调整常州市部分行政区划的批复》(国函〔2015〕75 号)。
② 参见民政部《中华人民共和国二〇二〇年县级以上行政区划变更情况》。
③ 参见国家级上海松江经济技术开发区官网。
④ 参见《上海市人民政府关于同意上海张江高新技术产业开发区空间调整的批复》(沪府〔2020〕45 号)。
⑤ 参见《浙江省人民政府关于萧山经济技术开发等 33 家开发区整合提升工作方案的批复》(浙政函〔2020〕99 号)。
⑥ 参见《国务院关于同意浙江省调整杭州市部分行政区划的批复》(国函〔2014〕157 号)。

⑦ 参见《浙江省人民政府关于萧山经济技术开发区等33家开发区整合提升工作方案的批复》(浙政函〔2020〕99号)。
⑧ 参见中共中央、国务院印发的《长江三角洲区域一体化发展规划纲要》。

第6章参考文献

[1] 王兴平,崔功豪. 中国城市开发区的空间规模与效益研究[J]. 城市规划,2003,27(9):6-12.
[2] 中共中央文献研究室. 习近平关于社会主义经济建设论述摘编[M]. 北京:中央文献出版社,2017.
[3] 杨龙. 作为国家治理基本手段的虚体性治理单元[J]. 学术研究,2021(8):41-51.
[4] 曹前满. 论城镇化进程中我国开发区的成长困惑:归属与归宿[J]. 城市发展研究,2017,24(2):40-46.
[5] 陈浩,张京祥. 功能区与行政区"双轨制":城市政府空间管理与创新:以南京市区为例[J]. 经济地理,2017,37(10):59-67.
[6] 孙崇明,叶继红. 转型进程中开发区管理体制何以"内卷化":基于行政生态学的分析[J]. 行政论坛,2020,27(1):42-48.
[7] 毕铁居. 分立、融合抑或独立:开发区与行政区关系优化选择[J]. 现代经济探讨,2021(1):16-21.
[8] 肖菲,殷洁,罗小龙,等. 国家级新区空间生产研究:以南京江北新区为例[J]. 现代城市研究,2019,34(1):42-47.
[9] 王承云,马任东,王鑫. 长三角一体化背景下"嘉昆太"跨行政区域汽车产业集群研究[J]. 人文地理,2019,34(5):93-100.
[10] 金太军,赵军锋. 论经济开发区行政区划与社会管理的耦合:以天津滨海新区为例[J]. 天津社会科学,2014(2):63-68.
[11] 孙涛,刘慕鑫. 滨海新区管理体制创新研究:基于经济功能区的视角[J]. 上海经济研究,2009,21(2):27-33.
[12] 胡志军,盛华根. 我国高新区管理体制创新路径分析:基于苏州、青岛和无锡高新区的实证研究[J]. 科技管理研究,2009,29(8):32-34,37.
[13] 吴金群. 网络抑或统合:开发区管委会体制下的府际关系研究[J]. 政治学研究,2019(5):97-108.
[14] 李瑞,季小江,刘立昆. 中心城市房价上涨与区域经济非均衡发展的关系:兼议京津冀一体化的出路[J]. 经济与管理,2013,27(5):5-9.
[15] 程郁,吕佳龄. 高新区与行政区合并:是体制复归,还是创新选择[J]. 科学学与科学技术管理,2013,34(6):91-101.
[16] LUO X L,SHEN J F. A study on inter-city cooperation in the Yangtze river delta region,China[J]. Habitat international,2009,33(1):52-62.

第6章图表来源

图6-1、图6-2源自:笔者根据全国行政区划信息查询平台、中国开发区网以及《中国开发区审核公告目录》等数据整理绘制.

图6-3源自:笔者根据招商网络抓取的园区数据绘制.

图6-4源自:笔者根据国家级上海松江经济技术开发区网站公示的范围图绘制.

图 6-5 源自:笔者根据 ZHUANG L,YE C. Disorder or reorder? The spatial production of state-level new areas in China[J]. Sustainability,2018,10(10):1-15 前期成果绘制.

表 6-1 源自:《常州统计年鉴:2021》.

表 6-2 源自:《上海市人民政府关于同意上海张江高新技术产业开发区空间调整的批复》(沪府〔2020〕45 号).

7 城市政府驻地迁移的实践、经济绩效评估与优化路径

城市政府驻地作为一种稀缺的公共资源,其空间位置会影响城市资源的配置效率[1]。从理论上看,政府驻地是政区地理的重要组成要素之一,是一种特殊的政治资源,也是集聚经济要素之一[2]。政府驻地在区域经济发展中处于"增长极"的优势地位,通常资源会流向政府驻地所处的地区,对地方产业和资本产生强大的集聚吸引力。因此,政府驻地迁移本质上通过资源的集聚分散来影响资源的空间配置,从而影响经济发展。具体而言,一方面,合理的政府驻地迁移既可以疏解迁出地(主城区)人口拥挤、改善交通拥堵等集聚不经济现象,又可以集聚资本、劳动力、技术等要素,表现出强大的规模经济,促进迁入地区的经济增长[3]。另一方面,不合理的政府驻地迁移可能会削弱迁出地第三产业的发展,不利于城市产业结构升级,也可能造成迁入区前期投入成本过高,难以产生经济收益。

鉴于政府驻地迁移的绩效不确定性,在现实中对政府驻地迁移的申请则采取严格论证和审批的程序。中央政府对此持谨慎态度,如 2007 年中共中央办公厅、国务院办公厅印发《关于进一步严格控制党政机关办公楼等楼堂馆所建设问题的通知》,2008 年民政部发布《关于加强政府驻地迁移管理工作的通知》,2013 年中共中央办公厅、国务院办公厅强调各级党政机关 5 年内一律不得新建楼堂馆所。

地方政府致力于推进政府驻地迁移的现实动机与政策的谨慎态度产生了张力,引发了总结政府驻地迁移经验和检验政策效果的迫切需求。本章分别从城市政府驻地迁移的原因、城市政府驻地迁移的空间模式、城市政府驻地迁移的经济绩效检验、城市政府驻地迁移的优化路径等进行具体的讨论与研究。

7.1 城市政府驻地迁移的原因

收集 1988—2019 年地级市及其所辖区县政府驻地迁移的事件,将其按照驻地迁移的原因进行归类(图 7-1)。常见的搬迁原因可以分为四类:适应行政区划调整、自然条件受限与历史文化保护需要、办公功能缺失、空间优化需要。这四类原因通常也是驻地搬迁审批的重要原则。

具体而言,政府迁移多出于空间优化的目的,约占迁移总量的 53%,

其中市级政府以空间优化目标的迁移占市级政府迁移总数的86%;区县级政府出于空间优化目标的迁移占比为30%。其次是因为区划调整所带来的驻地迁移,占迁移总量的29%,均发生在区县级政府。

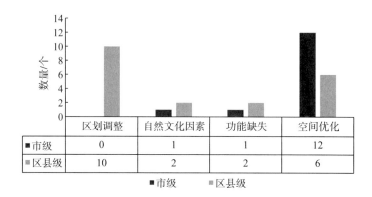

图 7-1　城市政府和区县级政府的迁移原因归类

7.1.1　适应行政区划调整

各级行政区的行政中心是集中处理全区行政事务、进行日常管理办公的场所。原则上,行政中心应该在所辖区域范围内选择相对合适的区位方便对整个区域进行统筹管理。在行政区划结构优化过程中,部分涉及行政边界或者管辖关系的调整,如区界重组等。行政区划调整后使得原有驻地区位不具备作为行政中心的优势,如驻地不在辖区内、过于偏离辖区几何中心等,则需进行相应的政府驻地调整。

譬如青岛市市北区在1994年合并台东区后,将政府迁移到原台东区政府驻地;苏州吴县在1995年撤县设市的过程中,将政府驻地由苏州市市区迁至原吴县大营镇;无锡锡山在1995年撤县设市的过程中,将政府驻地由无锡市市区迁至原无锡县东亭镇。

7.1.2　自然条件受限与历史文化保护需要

原址位于自然灾害频繁发生的地区、水资源严重缺乏的地区等存在较大安全隐患的区域,或是出于保护文物或者生态需要,政府驻地为文物建筑或周边紧邻历史文化遗产保护区和生态保护区,原址办公对文物或生态造成严重影响,则需要进行相应的政府驻地迁移。另外,如涉及国家其他重点(大型)建设工程需要等情况也可考虑迁移。

如1988年拉萨市的林周县驻地由旁多村迁至甘丹曲果,原行政中心旁多村在拉萨市北部,属拉萨河上游及其源流区,以山地为主,平均海拔在4 160 m以上,属高寒区;现行政中心甘丹曲果在南部,属澎波河流域,平均海拔为3 850 m,地势平坦、开阔,属半干旱农牧区,相较于原驻地更适宜行政中心发挥其管辖职能。也有城市因古城保护的需要而推动行政中心的迁移,最为典型的是陕西省西安市市级行政中心的迁移。从西安城市发展现状来看,古城无论是建筑还是人口均呈现高密度,唐大明宫、小雁塔等遗址及文物建筑的保护和与周围环境的协调日趋困难。古城内大致分布着陕西省、西安市、莲湖区、碑林区、新城区等省、市、区三级行政办公机构,大量的行政办公单位挤占古城有限的空间,大量的行政办公人员的通勤带来了严重的交通问题,古城面临着保护的压力,而城市发展也亟须寻求新的突破口。为此,西安市行政中心于2006年迁往未央区,有效疏解了古城内的行政职能,为古城保护和城市可持续发展迈出了重要的一步。

7.1.3 办公功能缺失

办公建筑年限久、安全隐患多的驻地根据具体情况可考虑迁移。如政府办公设施严重老化,办公大楼属于危房、不符合建筑安全要求(抗震安全隐患、房屋结构承载能力、建筑老化和损伤、电力通信等消防安全隐患);办公功能缺失严重,旧办公场所建筑标准低,办公面积不足,尤其在政府办公日渐信息化的背景下,缺乏电视电话会议室、应急指挥中心、信息化系统等特殊用房,影响行政指挥中心职能的发挥等情况。

譬如郑州市惠济区政府由于政府办公场所面积狭小,各部门支离破碎,2005年由金水区南阳路迁移至惠济区开元路。同样,2009年济南市为了改变办公空间狭小、地点分散等问题,对市政府进行了迁移,实现了政府集中办公,节约了行政成本,并方便了市民办理各类行政手续。2015年沈阳市政府驻地由沈河区市府大路迁移至浑南区沈中大街,也是由于原沈河区行政审批大厅位于中街地区的盛京路,毗邻中街繁华地段,其办公区域面积明显不足,居民办事停车位严重缺少。

7.1.4 空间优化需要

随着城市化的快速推进,人口和产业向中心区高度集聚,老城区承载了行政、经济、文化、居住等过多的功能,"单中心"结构产生了各种影响城市健康发展的"城市病"。中心区无法疏解,人口密度过大带来极大的环境和公共服务负担。政府驻地也会带来较强的公务活动等功能,相应增加的交通流量极大地增强了老城区和景区周边的通行压力,严重影响了居民出行和办事的便利性。为了减轻过度的功能复合导致的城市发展压力,适时迁移行政中心以构建多中心空间结构成为推动城市健康、可持续发展的重要选择。

因此,南昌、哈尔滨、宁波、济南、青岛等中心城市都采取行政中心迁移来缓解和消除旧城内较为严重的"城市病",为城市持续更新发展创造新的动力。此外,随着经济、人口和用地规模的扩大,建设城市新区以拓展发展空间成为现代城市发展的必然选择。而行政中心迁移则为新区发展培育了增长极,激发了新区的活力,成为带动新区快速发展的重要手段。因此,海口、无锡、昆明等中心城市的行政中心均迁往新区或者新城。

7.2 城市政府驻地迁移的空间模式

基于已有驻地迁移的原因分析可知,多数城市以相对柔性的空间优化为主要目标。其中,从空间视角来看,具体迁移方式可以分为依托模式、跨河模式、飞地模式。这三类迁移方式各有优劣,每个城市根据自身不同的自然条件和发展目标做出相应的选择。在本节图示中,黑白栅格为LandScan(美国能源部橡树岭国家实验室的全球人口密度空间分布数据)在该城市迁移那年的人口数据,颜色越深表示人口越多。

7.2.1 依托模式

在没有较大地理障碍的条件下,靠近老城区有利于利用已有的基础设施,因此,多数城市选择的是这一模式,如海口、无锡、西安、泉州、成都、合肥、杭州。这些城市多数从原有人口密度较大、空间较为拥挤的老城区向临近地区的区迁移。依托模式的迁移城市,其优势在于从拥挤的老中心向外迁移,有利于疏散中心城区,同时可以继续共享原政府驻地周边的配套设施,节约迁移的成本。存在的缺陷在于若迁移距离较近,不易形成独立的次中心,容易带来城市蔓延。如图7-2所示,合肥市政府驻地由庐阳区淮河路迁移至临近的蜀山区东流路。

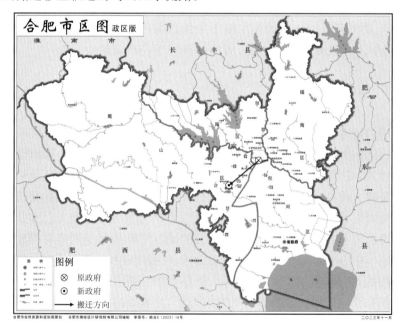

图7-2 合肥市政府驻地迁移

7.2.2 跨河模式

跨河模式常见于市域范围内有较宽阔水系的城市。这类城市有宁波、南昌、长沙、哈尔滨和沈阳等。如图7-3所示，国务院同意长沙市政府驻地由芙蓉区潘正街迁移至湘江对岸的岳麓区岳麓大道。

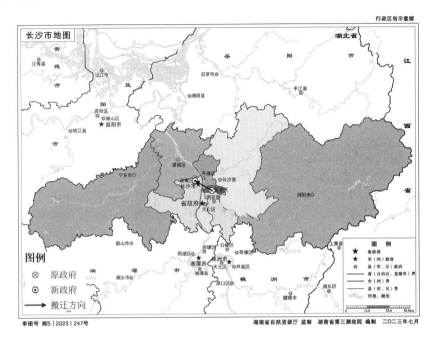

图 7-3 长沙市政府驻地迁移

宽阔的江面造成城市发展方向受限，突出表现为两岸基础设施难以共享，通勤成本高昂，中心城区疏散面临自然瓶颈。比如，甬江平均江宽408 m，赣江城区段宽900—1 400 m，湘江宽1 100—1 300 m，松花江宽900—1 200 m。对于跨河迁移的城市而言，新政府驻地容易形成独立的新城模式，但新老中心之间的协调相对困难，需要斥资建立便捷的跨河交通设施。

7.2.3 飞地模式

部分市区由于面临难以逾越的地理障碍，或是旧政府驻地临近的区因为自然因素过于破碎，只能选择跨越迁移飞地区域。也有部分城市由于相邻辖区也非常拥挤，同样面临着严重的城市病问题，因此不适宜政府驻地迁入。这类飞地模式包括贵阳（图7-4）、昆明等。飞地模式的迁移通常迁移距离较长，对发展独立的新区具有一定的优势。但新旧中心之间较跨河模式更难协调，很难形成一个统一的劳动力市场。

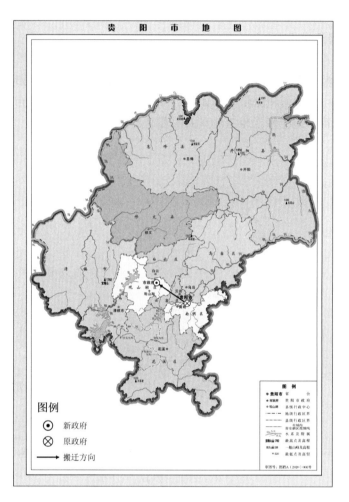

图 7-4 贵阳市政府驻地迁移

7.3 城市政府驻地迁移的经济绩效检验

尽管国家原则上不鼓励政府驻地迁移,但我国城市政府驻地迁移的案例仍然屡见不鲜。从目前已有的政府迁移的原因来看,少数是基于刚性的迁移需求,而多数是为了实现更好的空间优化布局。随着中国的城市化水平逐年攀升,一些城市的核心区域出现了"城市病"的负面影响,如交通拥堵、住房紧缺、人口过度集聚、空气质量下降等现象。与此同时,很多单中心城市开始着手创建新的增长极,希望通过多中心战略辐射带动城市整体发展,通过构建副中心、创建新城等多中心战略的实施来疏解老城严重的"城市病"问题,将老城的部分人口向新城转移。

政府驻地迁移是政府对城市进行空间治理、空间结构调整的重要手段,有利于实现本地更高质量发展的目标。但由于政府迁移成本较高,一旦失误将会造成长期的不利影响,因此应当充分论证,准确决策,也亟须对迁移的经济绩效进行探究。

已有政府驻地迁移影响的实证研究多数针对迁入地和迁出地分别展开。对于迁入地而言,政府驻地通过集聚人口和经济活动要素为迁入地的经济发展注入新活力[4-5]。具体表现在,政府驻地迁入增加了衰退地区的就业机会,促进工业企业的发展,吸引高科技产业和金融产业[6-8]。对于迁出地而言,已有文献证实了驻地搬离对于迁出地的交通疏解作用[9]。如汪芳在韩国首都迁移案例分析中指出,政府驻地外迁可以减缓首尔都市区的交通压力,起到疏解交通的作用[10]。尽管多数研究认可了政府驻地迁移在集聚迁入地和疏解迁出地发挥的积极作用,但也有少量文献提及了可能存在的负面作用。如郭正模的研究发现,随着市政府驻地迁移,金融业、行政服务业等高端服务业也纷纷迁出或者缩减规模,对城市整体经济增长有负面影响[11]。

仅仅关注驻地迁移对迁入地或者迁出地的局部效应,而忽略对整体城市以及其他不涉及搬迁的区域溢出效果的分析,则难以准确把握城市层面驻地迁移的整体经济效应。尽管有少数研究分析了政府驻地迁移对城市整体的经济影响[12-14],但多数是理论分析和案例研究,结论难以具有普适性。其中,多数研究结果显示了政府驻地迁移对城市经济的促进作用[15-17],少数研究从社会公平性、行政人员工作的办公效率和工作满意度等方面说明了迁移对城市发展的消极作用[18-20]。研究结果存在分歧,这会影响对驻地迁移绩效的整体评估。由此可见,需要更严谨的大样本实证研究来提炼驻地迁移影响城市整体经济发展的一般性规律。

选取民政部批准公示的1999—2011年进行市政府迁移的地级市案例进行分析,采用倾向得分匹配结合倍差法检验城市政府驻地迁移对人均地区生产总值增长率的促进效应。研究结论表明,目前经过民政部严格论证审批通过的驻地迁移行为,均给这些城市的整体经济发展带来了积极且长期的促进作用;在迁移过程中若有一定的辅助条件(如迁移不可太近、城市初始经济基础较好、具有充分的固定资产投资等),则可以较好地通过驻地迁移来实现空间优化从而促进本地发展的整体目标。其中,不同区域受到迁移政策的影响效果不同,迁入区获得了最大的经济推动效应,迁出区和其他不涉及迁入、迁出的区县也同样通过溢出效应获得了一定程度的经济增长。此外,政府驻地搬迁行为主要是通过本地产业升级、吸引本地集聚等机制推动本地经济发展。

7.3.1 城市整体效果检验

城市政府驻地迁移对城市整体的经济增长起到了明显的促进作用(图7-5)。从时间效应来看,政府驻地迁移对城市经济增长具有长期的促进作用,并随时间推移逐渐增强。

此外,研究发现,政府迁移距离越远、本市经济发展水平越高、固定资产投资越多更有利于城市政府迁移的经济绩效。较长的迁移距离有

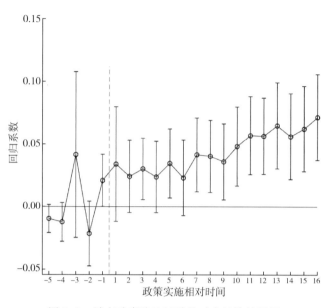

图 7-5　城市政府驻地迁移的动态经济效果图

注：政策实施相对时间以政策实验当年为 0，政策实施后为正数，实施前为负数。下同。

利于更好地发展空间多中心，从而实现空间优化的初始目标；而较高的经济发展水平的城市，更适宜多中心发展模式，经济基础薄弱的城市以中心集聚发展为主，不适宜通过驻地迁移分散发展；此外，驻地迁移需要辅助充分的基础设施，因此需要大量的固定资产投入后，才能收获更好的迁移效果。

7.3.2　本地经济效果检验

从城市政府迁入地、迁出地的本地视角来看，政府迁移会在迁移后的 4 年内促进迁入区的经济水平（图 7-6），证实了城市政府驻地迁入会显著促进本地经济的增长。同时研究还发现，城市内迁出区的经济发展与不参与迁移的区县水平相近，未出现明显衰退现象。

为更准确地反映城市内其他区县在政府驻地迁移之后所受到的影响，本章将发生过城市驻地迁移的但不涉及非迁入、迁出的区县作为实验组，以未发生过城市政府驻地迁移的城市的区县作为对照组，结论发现政府驻地迁移对于迁移城市中非迁入、迁出区县的人均地区生产总值增长率有着显著的促进效果。结合前文迁出区与这里不涉及迁移的非迁入、迁出区县的绩效无显著差别的结果，意味着迁出区的经济增长也从政府驻地迁移中受益。

综合来看，政府驻地迁移的经济促进效果存在溢出效应和整体效应，带动迁入区发展的同时亦会同时带动城市内迁出区和城市内其他区县的经济发展。

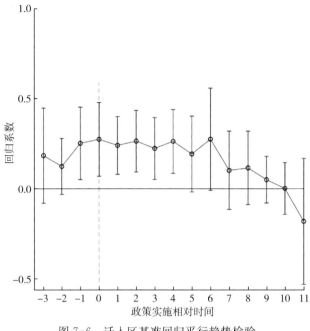

图 7-6　迁入区基准回归平行趋势检验
注:0 为发生迁移年份。

7.3.3 影响本地经济发展机制研究

1) 产业升级机制

产业升级效应是经济绩效产生的重要机制。在产业结构升级方面,政府迁移会对产业间的资源进行再配置,影响产业结构。研究结果发现,政府迁移会显著减小迁入区第二产业增加值的增长率,抑制迁入区第二产业发展;相反,迁移会显著增加迁入区第三产业增加值的增长率,促进迁入区第三产业发展。对迁出区和对照组的其他区县而言,政府迁移对于产业结构影响较小,第二和第三产业增加值的增长率也未受到政策明显影响。

2) 集聚疏解效应

政府迁移带来的集聚效应也会影响本地经济发展。从理论上看,一方面集聚效应会提高企业生产率,促进经济发展。另一方面,集聚也会伴随着政策优惠和基础设施建设等,与经济增长密切相关。回归研究也确实验证了这一机制,研究结果表明,政府迁移会促进迁入区企业数量的增长率,说明政府迁移会促进企业在迁入区的集聚。但政府迁移对于迁入区的集聚效应在迁移发生多年后才开始显现。在对迁出区和对照组区县的研究中发现,政府迁移对迁出区的企业增长率影响不大,不会对企业增长率产生明显抑制效果,对其他区县的企业增长率无显著促进作用。

7.4 城市政府驻地迁移的优化路径

新行政中心的建设是一个耗资巨大、关系行政管理方便性和区域经济长远发展的大事。因此，尽管部分中心城市存在驻地迁移的客观需求，但考虑到政府驻地与经济社会可持续发展、生产力布局、公共服务供给等关系密切，应在一段时间内保持稳定，因而主基调是从严控制政府驻地迁移，并因城施策，分门别类地推进政府驻地的优化。

对于符合刚性要求的驻地迁移，即因区划调整、自然灾害、办公设施老化、办公大楼年久失修、历史文化名城保护等客观原因确需政府驻地迁移的情形，应在核实确认的前提下，制定科学合理的迁移方案，有序实施。

对于以空间优化为目标的柔性迁移需求，则需要在严谨论证和利弊权衡的基础上再进行决策。具体来说，对于省市区三级政府空间临近导致交通拥挤、环境恶化、资源紧张等"大城市病"的情形，应优先通过完善城市基础设施和提高城市管理服务能力等手段来提高城市综合承载力，缓解矛盾；对于通过技术和服务手段无法解决问题的情形，再进行科学的驻地迁移论证，慎重决策。

对于因城市发展与新区建设等原因而产生的迁移需求，应以便于提供公共服务、优化资源配置以及助推区域均衡发展为导向，以地方财政实力为保障，在科学论证的基础上，平稳有序地做好驻地迁移工作，助推城市新区高速发展。

政府驻地空间的区位优化需要充分考虑与旧址的距离关系。若政府驻地迁移距离过近，则无法为迁入地和迁出地之间的要素提供充分的疏散空间，不利于解决迁出地人口拥挤、交通拥堵和环境恶化等"城市病"问题，也不利于迁入地作为新的"增长极"产生，容易进一步造成城市蔓延。但迁移距离过远会增加人员和经济活动的交通成本，导致无法继续共享城市配套设施，新中心人气难以聚集。因此，在驻地迁移过程中应充分评估城市自身发展阶段，中心城市辐射力水平以及城市交通网络发展等前提，合理确定驻地迁移距离，以实现迁入地集聚规模经济、减轻迁出地过度集聚问题、促进城市整体经济增长的目标。此外，城市具有较好的初始经济基础以及充足的固定资产投资也有助于提高政府驻地迁移的绩效。

(执笔人：张婷麟、孙斌栋、周慧敏、潘昱琪、匡贞胜)

第7章参考文献

[1] 王开泳,陈田. 行政区划研究的地理学支撑与展望[J]. 地理学报,2018,73(4)：688-700.

[2] 刘君德. 中国转型期"行政区经济"现象透视:兼论中国特色人文—经济地理学的发展[J]. 经济地理,2006,26(6):897-901.

[3] 张沛,王丹,张俊杰. 西安城市行政中心迁移的理性思考与现实分析[J]. 干旱区资源与环境,2007,21(6):53-57.

[4] FAGGIO G. Relocation of public sector workers:evaluating a place-based policy [J]. Journal of urban economics,2019,111(5):53-75.

[5] JUN M J. Korea's public sector relocation:is it a viable option for balanced national development[J]. Regional studies,2007,41(1):65-74.

[6] JEFFERSON C W,TRAINOR M. Public sector relocation and regional development[J]. Urban studies,1996,33(1):37-48.

[7] 卢盛峰,王靖,陈思霞. 行政中心的经济收益:来自中国政府驻地迁移的证据[J]. 中国工业经济,2019(11):24-41.

[8] 吕彩云,陈宾. 行政中心迁移对地区经济发展影响的实证考察[J]. 统计与决策,2015(15):117-120.

[9] PELLENBARG P H,WISSEN L,DIJK J V. Firm migration[M]// MCCANN P. Industrial location economics. Cheltenham:Edward Elgar Publishing,2002:110-148.

[10] 汪芳,王晓洁,崔友琼. 韩国首都功能疏解研究:从三个空间层次分析韩国世宗特别自治市规划[J]. 现代城市研究,2016,31(2):62-69.

[11] 郭正模,沈茂英,刘妍婷. 行政中心迁移对迁出地城市资源系统和经济增长的影响研究:以成都市青羊区为例[J]. 决策咨询,2011(4):5-10.

[12] GUYOMARCH A. 'Public service' 'public management' and the 'modernization' of French public administration[J]. Public administration,1999, 77(1):171-193.

[13] 朱惠斌. 城市行政中心区位选择与迁移类型:以深莞惠都市区为例[J]. 热带地理,2013,33(5):527-532.

[14] 顾朝林,王颖,邵园,等. 基于功能区的行政区划调整研究:以绍兴城市群为例[J]. 地理学报,2015,70(8):1187-1201.

[15] 王开泳,冯润东. 行政区划调整对政区位势的影响与定量化测度[J]. 地理学报,2020,75(8):1617-1632.

[16] 伍毅敏,杨明,李秀伟,等. 新市级行政中心效应下功能集聚和产业发展模式探析:基于7个城市的实证及对北京的启示[J]. 城市发展研究,2020,27(2):76-83.

[17] COCHRANE A,PASSMORE A. Building a national capital in an age of globalization:the case of Berlin[J]. Area,2010,33(4):341-352.

[18] HUR J Y,LEE G,YOON K. A study on perceptual discrepancies due to the relocation of government complex:comparing perceptions of public managers in Sejong city and those in Seoul city[J]. Korean society and public administration, 2015,26(2):115-139.

[19] AN S M,SHIN S Y,LEE S Y. The effects of the relocation of central government bodies to Sejong city on government officials' job satisfaction:focusing on moderating effect of participative decision making [J]. Korean public administration quarterly,2017,29(2):297-324.

[20] KIM Y. Economic impact of public sector relocation[J]. The Korean journal of economic studies,2006,54(2):143-184.

第 7 章图片来源

图 7-1 源自:笔者基于 1988—2019 年政府驻地迁移数据绘制.

图 7-2 源自:笔者根据合肥市自然资源和规划局网站合肥市区图政区版[审图号为皖合 S(2023)15 号]绘制.

图 7-3 源自:笔者根据天地图·湖南标准地图服务网站长沙市地图[审图号为湘 S(2023)247 号]绘制.

图 7-4 源自:笔者根据贵阳市自然资源和规划局网站贵阳市地图[审图号为图黔 A(2020)008 号]绘制.

图 7-5 源自:笔者基于《中国城市统计年鉴》相关数据绘制.

图 7-6 源自:笔者基于《中国县域统计年鉴》相关数据绘制.

8 行政区划调整助力收缩型城市转型研究

8.1 引言

改革开放后,我国城镇化在经济高速增长的推动下得到了快速提升,由改革初期的17.92%迅猛增长至2020年的63.89%。大中型城市快速发展,都市圈、城市群、都市连绵区等相继形成并加速扩张。与此同时,也衍生了一大批以人口流失为核心特征的收缩城市[1]。随着我国经济增速整体放缓以及区域发展差距的进一步扩大,经济和人口的"局部收缩"成为越来越普遍的现象[2]。2000—2010年,我国已经有90个地级及以上行政单元人口规模出现下降[3],东北地区更表现出显著的经济增长乏力、人口大量外流等收缩特征[4]。由各种社会经济要素向大城市和城市群地区聚集所引发的部分地区人口流失、产业转型升级乏力、财政收支恶化、土地闲置等问题,不仅导致中小城市和偏远地区发展动力不足[5],而且对中国的空间治理体系与区域格局优化产生重要影响。为此,国家发展和改革委员会在《2019年新型城镇化建设重点任务》和《2020年新型城镇化建设和城乡融合发展重点任务》中连续两年强调了收缩型城市"瘦身强体"的发展指示,并指出要通过优化行政区划设置,统筹新生城市培育和收缩型城市瘦身强体。2021年国家发展和改革委员会在《关于推广第三批国家新型城镇化综合试点等地区经验的通知》中继续强调了科学调整收缩型城市区划、盘活存量低效建设用地等城市治理的优化创新措施。可见,在国家新型城镇化发展模式下,高速的城市增长和空间扩张显然不再是当前中国城市发展的唯一标准答案[4],优化行政区划设置对于中国收缩型城市"瘦身强体"、优化收缩地区的空间布局结构与治理能力有着重要影响。

现有研究表明:(1)行政区划调整对城市经济增长、人口集聚、产业结构以及行政区管理体制优化等方面有着重要作用[6-8];(2)收缩型城市目前主要面对的人口持续收缩、发展转型困难等一系列问题的根源主要在于由资源枯竭、产业衰退、区位约束引起的经济增长乏力[9-11]。可见,行政区划调整具有改善收缩型城市治理、促进收缩型城市转型的可能。但现有研究对于行政区划调整如何促进收缩型城市转型发展还有不足:(1)对行政区划约束收缩型城市转型发展的问题刻画不够深刻。现有对如何应对收缩型城市问题的研究多集中于"精明收缩"等理论层面,少有研究从空间治理层面分析收缩型城市所面临的问题。(2)行政区划调整对收缩型城市转型发展的作用机制研究不充分。现有研究多囿于行政区划调整对城市发展的影响,缺少行政区划调整如何在收缩型城市转型发展中发挥作用的理论支撑。(3)关于行政区划约束收缩型城市转型发展的方案策略研究还不充分,进而缺乏从空间规划调整角度来解决不同类型、规模、尺度的收缩城市转型问题研究。

对此,本章以我国现有的典型收缩型城市为研究对象,识别当前行政区划对收缩型城市的约束特征,深化行政区划调整对收缩型城市转型发展的理论认知,提炼优化收缩型城市行政管理制度与空间格局的一般性规律,提出具有中国特色的收缩型城市空间治理体系优化方案。主要贡献在于从空间视角重新审视收缩型城市的治理问题,将行政区划调整与收缩型城市转型发展纳入一个统一的理论框架中,在构建行政区划调整对收缩型城市转型发展的理论基础上,以黑龙江省为案例,给出收缩型城市的空间治理方案,以期为优化中国城市规模分布体系和落实国家新型城镇化规划提供决策依据。

8.2 收缩型城市的内涵界定与成因分析

8.2.1 收缩型城市的内涵界定

收缩型城市这一概念最早由德国学者豪瑟曼(Häußermann)和西贝尔(Siebel)于1988年提出,用来指代受去工业化、郊区化、老龄化以及政治体制转轨等因素影响而出现的城市人口流失乃至局部地区空心化的现象[12]。时至今日,学界对收缩型城市还未形成统一的概念界定,国外研究多从人口、经济、社会以及空间等方面来进行判断。如德尔肯(Delken)认为收缩型城市是连续15年每年人口流失率不低于3%的城市[13];维希曼(Wiechmann)等认为收缩型城市是人口超过10万人且连续两年以上发生人口流失的城市地区[14]。对于中国收缩型城市的界定,国内不同学者使用的方法和标准也不尽相同。如龙瀛、吴康、张明斗等学者基于中国第五次全国人口普查和第六次全国人口普查两个时期的人口指标变化作为识别收缩型城市的标准[9,15-16]。此外,还有一些学者在人口指标的基础上,将经济指标同时纳入识别收缩型城市的标准之中[17-18]。

基于已有的研究,本章认为人口缩减是城市收缩的直观表现,除了人口变化之外,城市收缩通常还伴随着经济问题。城市人口的变化与经济之间往往存在相互影响的循环作用机制,单纯以人口总量变动来反映城市收缩状况具有一定的片面性。因此,本章参照刘贵文等将收缩型城市界定为人口缩减满足大于或等于5年且各年人均地区生产总值低于全国平均水平的城市[17]。

8.2.2 我国收缩型城市的空间分布及特征

本章利用2000—2019年我国城市人口及经济发展数据,对我国289个地级及以上城市的人口及经济变化进行分析,并依据对收缩型城市的界定标准识别出86个人口收缩的城市,占城市样本总数的29.8%。其中符合界定标准的收缩型城市有72个,占城市样本总数的24.9%。结果如表8-1所示。

表8-1 收缩型城市的结构性分布

城市类型	数量/个	占比/%
收缩型城市	72	24.9
非收缩型城市	217	75.1

我国的收缩型城市主要分布在东北区域,其余分布在内蒙古、四川、陕西等地。总体来看,东北三省已成为我国收缩型城市的主要分布地区,收缩型城市的数量较多且程度较为严重,收缩的城镇多围绕哈大经济带呈块状连绵分布。在除东北以外的地区,收缩型城市主要呈"点"状、"片"状分布。

8.2.3 收缩型城市的成因分析

对于我国收缩型城市的成因,可主要分为资源枯竭、产业衰退、区位约束等[10-11,17]。究其根本原因,主要体现在人口迁移的根源性需求:更高的工资收入与更好的公共服务[19]。经济水平较为发达的地区收入普遍较高,这类地区可以持续发挥集聚效应,实现"经济发展—人口流入—经济发展"的良性循环;而城市收缩地区经济发展水平与公共服务水平普遍相对较低。由于城市人口的变化与经济发展之间往往存在相互影响的循环作用机制[20],人口流失的城市更容易失去资本的青睐,导致资本更倾向于流入发达地区,进而造成人口流失加剧以及相对收入水平降低,形成收缩型城市"人口流失—收入降低—人口流失"的负反馈循环机制,经济增长动力匮乏是触发这个负反馈机制的直接原因。

8.3 行政区划设置对收缩型城市转型发展的约束

我国对行政区划调整有严格的程序要求,以确保行政区划体系的总体稳定[21]。然而,近年来在城镇化不断发展的过程中,人口持续向大城市集聚引发的中小城市和偏远地区的收缩已成为阻碍我国构建大中小城市协调发展的主要问题。大城市城市病凸显而中小城市发展动力不足不仅影响了我国的经济发展效率,而且导致了区域人口规模分布结构的不平衡,引发了城市收缩[5]。由于城市政区的空间功能、体制关系以及管理模式与行政区划调整密切相关[22],现有的行政区划设置及管理体制也给收缩型城市的转型发展带来了客观上的阻力。

8.3.1 现有行政区划设置与收缩型城市的转型发展不匹配

城市行政区的合理设置是推进城镇化建设和地方政府进行有效治理的重要支撑[23]。改革开放40多年来,我国的城市空间一直在进行高速扩张,这使得以发展和目标导向为主的增量扩张型规划占主导[24]。这种规划使得行政区划调整往往过多地服务于扩张型的城市规划建设,但相关变动主要集中于直辖市、省域中心城市等,相对忽略了次一级城市和小城镇等,导致了部分中小城市的行政区划体制改革滞后和部分行政区划调整盲目等问题[25]。而城市收缩是城市继增长之后在发展轨迹上的转向以及在发展逻辑上的转变,为城市发展带来了全新的问题,也为城市的规划和治理带来了全新的挑战。城市的空间在一定程度上是由人口规模决定的,人口可以增减,而空间却"易增难减",在人口由少到多再由多到少的过程中,留下的便是空间在增长后的冗余问题[26]。此外,在计划经济时代,部分地区为了资源开采及工业基础设施建设的便利,行政区划及其管理体制与其他地区存在诸多差异,譬如飞地型隶属关系、根据资源分布成立城区建制、政企合一的体制模式、以资源开采为中心的政府机构设置等,衍生出因矿设城、碎片化、空间狭小等问题。一些地区因资源枯竭、产业衰退而形成收缩型城市后,受资源采集空间分布以及开发经济效益的制约,城镇间的功能联系较弱,资源枯竭后行政区人口稀少、城镇严重收缩[27]。可见,城区人口—空间不匹配、辖区层级混乱、惯性增量规划思维难以转变、政府职能和地位界定不清所导致的体制性障碍是我国城镇化建设中政区划分的突出问题,这些问题对于收缩型城市而言,不仅导致城市的人口、公共服务供给不足或不均衡,难以引导人口及公共服务向生态本底较好的地区集聚[28],而且是收缩型城市空间管控失效的关键原因。

8.3.2 行政区功能定位不明确阻碍收缩型城市"瘦身强体"

高效率的大国城镇化空间格局不仅在形态上需要合理的城市规模分布和多中心空间结构,而且需要在功能上实现大中小城市之间、不同地区之间的横向错位发展、纵向分工协作[29],这是科学实现收缩型城市"瘦身强体"的可行路径。我国长期以地区生产总值和经济增长速度作为政府官员的主要考核制度造成了城市间经济发展和资源环境的不协调、过度依赖低要素成本刺激的增长方式和地区产业结构的趋同[30]。经济发展的市场机制作用失灵与各政府间既得利益分配的冲突导致了现有利益格局下政府间的激烈博弈。而这种博弈引发了区域整体或城镇内部的人与自然、生产和生活的复杂矛盾,也是造成我国许多收缩地区,特别是如矿产资源枯竭型城市密集的区域[31],和边远地区缺少分工协作、主体功能划分不明的关键所在。不同层次的行政区以局部利益最大化和地区生产总值增速为追求目标,具有超越自身资源环境的承载能力和经济增长的冲动,引发了不同行政主体间的发展理念冲突与边界冲突,导致了部分城市主体功能在空间上划分的模糊与低操作性。当收缩型城市的主体功能定位不明确时,会产生城镇空间分布与接续产业以及人口的空间布局不一致、城镇布局分散、城镇间功能联系较弱等问题,导致城镇进一步收缩。

8.3.3 行政机构设置臃肿及财政负担过重导致收缩型城市行政效率低下

一直以来,我国财政供养负担沉重。其中一个重要原因就是机构设置过于臃肿,在行政区划方面存在众多重叠与浪费。我国的地方行政区划体系呈现出三级制(省、县、乡)与四级制(省、市、县、乡)并存的局面,不同大小规模的城市的行政设置基本相同,而随着收缩型城市人口规模的逐步降低,原有的行政设置会导致城市的行政层级较多、财政负担加重、行政成本高等问题,进而降低收缩型城市的行政管理效率。如黑龙江的鹤岗,作为其政治经济中心的向阳区有 7.29 万人,辖区面积仅为 8 km^2;依兴华煤矿而设的兴山区的辖区面积为 28 km^2,人口却仅有 2.11 万人;又如兴安区因开发兴安台矿山成立,辖区面积为 259.6 km^2,现有人口 9.90 万人,可见鹤岗的行政区设置及其行政管理幅度已出现空间上的失衡。这种行政管理幅度的不均衡在城乡一体化、权责配置、组织规模和行政成本等方面所暴露出的种种弊端,已成为收缩型城市提升行政管理效率的严重障碍。

此外,臃肿的行政机构设置不仅使那些规模小、辐射功能弱的城市出现"小马拉大车"的现象,而且会导致核心型地区市"吃"县、市"刮"县、市"卡"县的问题,进而加剧地区城市间的不平衡,抑制下辖县市的发展。同时,随着区域经济和城市化的发展,尤其是地级市与其辖属县(县级市)经济落差的缩小,市县之间的矛盾已成为现阶段我国城市发展的主要矛盾[32],也对收缩型城市的经济转型发展产生约束。

8.4 行政区划调整作用于收缩型城市转型发展的机制

本章试图从"城市间+城市内"的视角分析行政区划调整对我国收缩型城市转型的作用机制,明确行政区划调整对收缩区域城市群的宏观空间结构体系和收缩型城市内部的微观空间结构体系,为未来中国收缩型城市转型的规划发展及空间布局提供参考依据(图 8-1)。

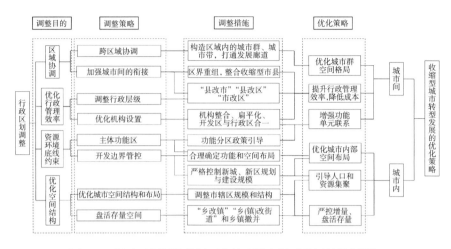

图 8-1 行政区划调整作用于收缩型城市转型发展的机制框架

8.4.1 "城市间"行政区划调整对收缩型城市转型发展的作用机制

1) 以政区位势调整、撤并整合的极化作用带动边远收缩型城市发展

中心城市是区域的发展核心,也是支撑城镇格局的关键支点[33]。当前,缺乏中心城市的辐射是导致部分收缩地区经济水平相对落后的重要原因之一。行政区划作为一种重要资源,是国家政治结构的一种基本形式,是中央政府统治和管理全国各地的一个基本有效手段,是国家为进行分级管理而实行的国土、政治和行政权力的空间再配置[34]。行政区划设置通过行政级别、属地管理和条块分割、中央—地方关系、市带县等与行政体制相关的因素,对区域空间格局及治理结构产生深远影响[8],是打造区域新的增长极的基本条件。

具体而言,行政区划调整可从两个方面打造地方新的增长极。首先,一个地区可以通过行政区划调整来改变该地区的政区位势,如设立开发区、国家级新区等,即在垂直层面上改变该政区与区域中其他政区的等级位序关系,在水平层面上改变该政区的管辖幅度和资源配置的能力,从而对区域发展格局中的地位和作用产生根本性影响。其次,适当合理地调整城镇行政区划,如撤销或整合规模较小的不具有发展特色的小城市,集中发展中心城市,强化中心城市的带动作用。通过设立与城市发展相匹配的行政管理体系,拓宽中心城市的经济辐射圈,可以为城市的社会经济发展提供良好的区域环境和体制环境,在逐步推进城市管理体制改革的基础上,突破行政区经济的束缚,形成新的区域经济增长极。通过新增长极的引擎带动作用,一步步地将市场的空间塑造力引入边远的收缩型城市,形成循序渐进的涓滴效应[35]。

2) 以调整政区的管辖范围优化收缩型城市的发展空间体系

在中国现行的体制下,行政区划是政权建设和政府管理的重要手段,行政区划调整意味着空间支配权力及行政规划权、土地所有权的调整，反映到城市空间中则表现为发展权力在空间范围的延伸以及相关支配权力的变化[36]。行政区划调整通过对政区的机构设置与管辖范围的改变，对区域统筹发展产生一定影响。

在区域城镇发展体系的优化上，行政区划调整可分为引导性调整和适应性调整两类：一方面，引导性调整通过行政区划调整来引导城市的发展，可以解决城市未来发展的空间问题，有利于城市规模扩大和功能扩张，具有一定的前瞻性。如通过撤县（市）设区等方式改变城市规模以解决未来城市发展空间的问题。另一方面，适应性调整通过行政区域调整来打破城市发展所遇到的空间阻碍，解决城市发展的空间问题，具有一定的现实性。适应性调整是破解城市空间发展障碍的主要手段。如整合现有地理位置上邻近的收缩型城市，实现城市功能要素的地域联合发展，解决城市空间发展的体制障碍问题，发挥城市集聚效应的外溢作用，使区域城市体系紧密联系，增强中心城市对周边的辐射带动能力，构筑新的区域竞争优势[37]。

8.4.2 "城市内"行政区划调整对于收缩型城市转型发展的作用机制

1）以优化辖区空间布局重构收缩型城市内部的人口格局

在我国城镇化发展出现局部人口收缩的新背景下，部分城市的收缩与复兴对其空间布局调整和结构优化将产生决定性影响[38]。中国市镇设置的制度优势和区域性特征，对于城市空间与人口的统筹和协调发展提供了体制性保障，伴随着城市人口规模的缩减，诸多跨界需求与矛盾冲突使得协调收缩型城市人口与空间的布局关系成为热点。行政区划调整对于打破经济发展所受到的区划制约，优化完善收缩型城市空间布局有显著的积极影响。

首先，行政区划调整是引导收缩型城市改变空间单一发展模式、实现组团式城市发展格局的有效政策手段，通过市辖区的合并、拆分、撤县设区等手段来改变城市行政区划内部的权益结构，实现市、区政府权责利的相对分工，推动具备条件的辖区深度融合发展。其次，政府可以通过调整行政区划来优化城市中心—外围的空间结构，如将城市周边的县或县级市并入中心城区，一方面可以控制收缩型城市的新城、新区规划与建设规模，合理确定中心区域与连片的外围区域的功能定位和空间布局，通过人为力量引导人口适度向城区集聚；另一方面则是增强中心区域对周边的辐射带动能力，实现城市功能要素的地域联合发展[39]，解决收缩型城市空间利用的体制障碍问题，发挥城市集聚效应的外溢作用。

2）以优化行政层级设置与政府职能提升收缩型城市的治理效能

行政区划是为国家行政机关实行分级管理而进行的区域划分，是国家实施分级行政管理的区域划分制度，是对行政区域的划分和行政管理体制的顶层设计[40]。地方政府之间存在的纵向职责划分不清晰问题,以及由此导致的地方政府职能定位及其转变滞后问题,主要是由现行行政区划体制影响所致,通过行政区划的制度优化,对地方政府行政设置进行改革和调整,合理确定不同层级政府职能、推进地方政府职能转变,有助于收缩型城市合理优化行政层级、政府职能及制度保障。

行政管理层次和管理幅度是行政区划体系的基本要素,行政管理层次过多、管理幅度过小,会导致行政成本过高、行政效率低下。由于行政层次过多,很多收缩型城市的财政负担过重且行政效率低下,阻滞了城市经济的快速发展。行政区划和地方政府间的关系既是政府制度的重要组成部分,又是一套不同层级政府间集体行动的激励和约束机制,这一机制决定了地方政府职能与层级设置、政府间事权划分与财税权力的配置、政府投资权与产权的划分,进而塑造了不同层级政府的行为。因此,以行政区划调整优化政府层级,可以更好地推进地方政府职能的重新定位与转变,强化地方政府提供城市公共物品和公共服务等方面的职能。

8.5 国内外城市行政区划调整的优化措施

8.5.1 重构行政空间强化中心城市辐射作用

2011年7月,国务院批准了安徽省撤销巢湖市,将其一分为三,分别划归合肥、芜湖、马鞍山三市管辖,合肥、芜湖两个核心城市从此相互毗邻。行政区划调整后,合肥市的发展空间得到了有效解决,芜湖市也消除了长江南北一体化的障碍,两市在地域空间上形成了明显的双核结构,改变了原有双核争雄、盲目竞争的局面。又如山东省莱芜市作为一个独立的地级市时,其和济南市的竞争大于合作。其中,莱钢集团和济钢集团会出现钢铁资源的争夺、人才的争夺,以及市场的争夺等问题;但是2019年1月莱芜市并入济南市后,就实现了济南市对钢铁企业的统筹考虑和安排,优势互补,分工合作,也将区域开发的中心向莱芜市方向转移。四川省简阳市原来归资阳市管辖,在划归成都市后,成都市加强了对简阳市的扶持和开发步伐。特别是成都天府国际机场和航空物流园区的建设,极大地带动了简阳市的发展步伐,从而促进了区域空间的整合,重塑了区域空间发展格局。

8.5.2 合并行政区域提升城市发展效能

为了加快形成带动区域发展的新的增长极,拉动经济发展,2009年国务院批复同意天津市调整部分行政区划,撤销天津市塘沽区、汉沽区、大港区,设立天津市滨海新区,以原来三个区的行政区域为滨海新区的行政区域。天津市各类机构按照"精简、统一、效能"的原则设置统一的行政架构,建立精简高效的管理机构。滨海新区大大地缩小了行政管理规模,有了更大的自主发展权、自主改革权和自主创新权,有利于实现区域内资源的合理配置,从而拓展经济发展空间。2010年,北京市撤销东城区、崇文区,设立新东城区;撤销北京市西城区、宣武区,设立新西城区。新的东城区、西城区的成立,缓解了原先区域发展失衡的局面,推动了北京市核心区北部基础设施、公共服务资源的向南延伸,有利于整合区域要素、资源、服务优势,形成核心区经济社会发展的合力。上海市中心城区的行政区划优化则是经历了四次合并重组:2000年,南市区并入黄浦区;2009年,南汇区并入浦东新区;2011年,撤销黄浦区和卢湾区,设立新的黄浦区;2015年,撤销闸北区和静安区,设立新的静安区。该区域的行政区划调整大大推进了区域功能融合和一体化发展,使得上海市经济持续保持平稳较快增长。

8.5.3 精简行政层级提升地方政府治理能力

在市场经济日益完善以及全球化、信息化不断发展的条件下,部分国家在政府层级体制改革上更加注重向以地方分权和地方自治为主线的地方治理变迁,减少行政层级、增加管理幅度成为改革的大趋势,具体表现为三点:(1)在地方政府层级上普遍推行二级制或三级制,实行二级制的国家主要有美国、日本、加拿大等;实行三级制的国家有德国、英国、法国、意大利等。(2)强调地方分权与地方自治。为满足公众多元化的公共服务需求,一些欧洲国家开始广泛推行诸如"职能下属化"的地方分权改革,赋予地方政府更大的自治权。如德国自20世纪六七十年代以来进行的行政区划调整,主要是通过基层市县重划、乡镇合并来减少地方行政建制,以提高地方政府公共服务和社会管理的自治能力。(3)在地方治理的背景下推进行政区划改革。在经历"市场失灵"和"政府失败"之后,地方治理理论开始兴起并首先在部分发达国家付诸实践。在地方治理中,行政区划改革通过对地方行政单位的调整合并,确保各种资源要素在区域之间自由流动,为经济发展扫清障碍。如日本政府以市町村合并为重点的行政区划改革,通过撤并市町村措施,为日本的区域经济发展打下基础[41]。

8.6 收缩型城市的行政区划优化策略:以黑龙江省为例

8.6.1 黑龙江省收缩型城市背景分析

2020年黑龙江省地区生产总值为13 698.5亿元,比上一年增长1.0%,低于全国平均水平,在东北振兴板块中,总量处于被辽宁省持续拉大、被吉林省加快赶超的尴尬境地,增速走低。经济增长失衡背后的根本原因是人口与人才流失的双重挤兑。2010—2020年全省总人口减少662.5万人(图8-2),2019年自然增长率仅为-1.01‰。

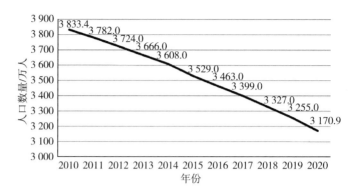

图 8-2　2010—2020 年黑龙江省人口数量

依据前文对收缩型城市的识别,黑龙江省整体呈现收缩态势,人口主要分布在"哈大齐牡绥"城市带及以佳木斯为区域性中心城市、以"四煤城"为地区性中心城市的东部城市群。从资源禀赋、产业制度、地理位置来看,黑龙江省的城市类型涵盖了以"四煤城"为典型的资源型城市、以"哈大齐工业走廊"为主体的老工业城市和以黑河、同(江)抚(远)、绥(芬河)东(宁)为节点的对俄贸易边境城市,包括了主要的收缩型城市类型。在行政区划方面,黑龙江省在总面积 45.56 万 km² 的地域面积上,辖 12 个地级市、1 个地区,平均每个地级市 3.5 万 km²,辖 54 个市辖区、21 个县级市、45 个县、1 个自治县,合计 121 个县级行政区划单位,平均每个地级市辖 9.3 个县级行政区划单位,行政区划设计基本满足其城市经济协调发展的基本要求,但中心城市、城市群、乡镇村集聚带与东南沿海相比,仍然处在空间密度较小、要素空间集聚特征不够明显的状态。尤其在省内大部分城市处于收缩这一现实条件下,黑龙江省现行的区划设置的弊端也开始显现。因此,本章试图基于对黑龙江省当前的行政区划设置背景,识别行政区划对省内收缩型城市转型发展的约束问题,进而从行政区划优化设置角度为收缩型城市转型发展提供案例研究,为将来我国其他处于转型发展中的收缩型城市的行政区划改革提供借鉴。

8.6.2　行政区划约束黑龙江省收缩型城市转型发展的问题分析

1) 以"四煤城"为代表的区划细碎导致区划设置与人口规模不匹配

"四煤城"是指黑龙江省东部三江平原腹地的鸡西、双鸭山、鹤岗和七台河四个城市,多年来立足煤炭资源发展,是典型的资源型城市。从地理区位来看,"四煤城"处于区域交通末梢,尽管部分城市已开通高铁,但可达性差。除七台河市外,其他三市均位于边境地区,距省会哈尔滨市的直线距离均超过 330 km,受其辐射带动能力有限(图 8-3)。从产业条件来看,四个城市严重依赖煤炭资源发展,产业结构较为单一。随着近年来第二产业的迅速萎缩,"四煤城"地区生产总值下滑明显,人口流失严重。从人口增长来看,近年来,随着经济下滑,"四煤城"人口持续减少,呈收缩态势。2016—2020年,鸡西、双鸭山、鹤岗和七台河户籍人口分别减少了31.3万人、24.3万人、14.9万人和11.6万人(图8-4)。可见,"四煤城"近年人口规模均在收缩,尽管地区生产总值持续增长(图8-5),但均未能扭转人口减少趋势。可见,从资源、区位、产业、人口角度来看,"四煤城"具有收缩型城市的典型特征。

审图号:黑S(2022)37号
黑龙江省测绘地理信息局监制
哈尔滨地图出版社编制

图8-3 黑龙江省行政区划图

在行政区划设置方面,"因矿设区""因煤设市"的区划模式是"四煤城"的城市发展特征。其中部分城市原有行政区划格局是伴随资源开采而设置形成的,但随着资源枯竭、城市人口缩减,出现了一些人口"迷你区",已经明显不符合生态保护和经济转型的需要。第七次全国人口普查数据显示,黑龙江省有17个市辖区的常住人口不足10万人,其中鹤岗、双鸭山与鸡西有12个区(表8-2)。以鹤岗市为例,其市辖区设置大多与煤炭开采业的发展密切相关,目前市区面积为4 550 km²,城区面积为341.6 km²,下辖6个市辖区。其中,作为政治中心的向阳区人口约为7.29万人,辖区

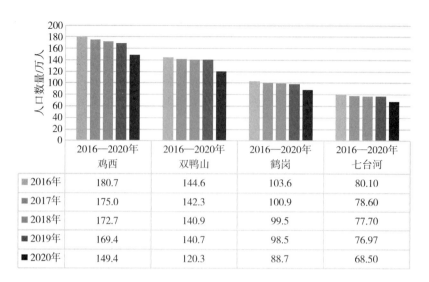

图 8-4　2016—2020 年"四煤城"人口规模统计

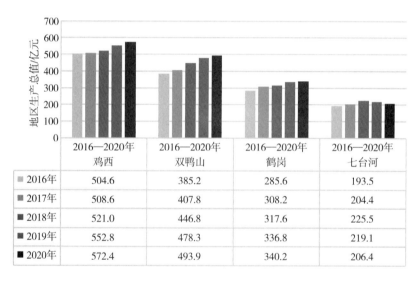

图 8-5　2016—2020 年"四煤城"地区生产总值统计

面积仅约为 8 km²；兴山区因兴华煤矿开挖成立，辖区面积约为 26 km²，现有人口仅约为 2.11 万人；兴安区因开发兴安台矿山成立，辖区面积约为 260 km²，现有人口约为 9.90 万人；东山区地处矿山东部，辖区面积约为 4 575 km²，现有人口仅约为 9.62 万人。可见，鹤岗市中心城区划分数量过多，部分辖区面积与人口规模不均衡。具体而言，一方面，在鹤岗市六个市辖区中，向阳区、兴山区、工农区和南山区的辖区面积均在 30 km² 以下，其中向阳区的辖区面积仅约为 8 km²，是全国面积最小的中心城区之一，而向阳区又是鹤岗市的经济政治文化中心，狭小的辖区范围严重限制了该地区的发展空间；另一方面，"因矿设区""因煤设市"的区划设置导致了鹤岗市的辖区设置数量过多，行政管理层级过多，行政管理程序复杂，进而引起市区政府的行政管理效率低下,对现有的国土空间结构形成了巨大压力。

表8-2 黑龙江省人口"迷你区"情况表

城区		人口/人	人口密度（人/km²）	城区		人口/人	人口密度（人/km²）
齐齐哈尔市	昂昂溪区	67 824	90.07	鹤岗市	向阳区	72 867	8 886.22
	碾子山区	56 553	158.41		兴安区	99 013	380.82
鸡西市	恒山区	87 822	124.04		东山区	96 218	21.03
	滴道区	65 980	107.46		兴山区	21 125	812.5
	梨树区	39 833	96.68	双鸭山市	岭东区	27 498	34.29
	城子河区	69 951	218.6		四方台区	39 550	203.87
	麻山区	17 301	40.71		宝山区	72 475	96.63
伊春市	乌翠区	72 259	30.37		—		
	友好区	54 302	23.13				

2）区划管理幅员差异制约区域均衡发展

2020年黑龙江省地区生产总值为13 698.5亿元,然而达到千亿元的城市仅仅有哈尔滨市、大庆市、齐齐哈尔市、绥化市,生产总值之和为9 835.5亿元,占全省的71.8%;人口总数（第七次全国人口普查数据）为2 061.5万人,占全省的71.91%。可见,黑龙江省主要的经济发展点集中于"哈大齐牡绥"一线,整体区域内部的协调发展机制并未成熟,不均衡的问题较为突出。从空间发展角度分析,黑龙江省较大的行政区划管理幅员差异所引起的城市间缺少集聚及协同效应,是其区域发展不均衡的主要原因之一。以黑龙江省东部"四煤城"为例,现有区划设置的不均衡使得"四煤城"在产业发展、经济增长动能上出现较大差异。市域面积最大的两个城市鸡西、双鸭山的面积均为2.25万km²,而面积最小的七台河仅0.62万km²,幅员上的差异也使得七台河市在经济发展过程中缺少集聚效应,人口快速缩减的同时经济发展水平也较低。而相似的资源禀赋和交通条件,使得四市在产业配置方面均围绕煤炭产业链发展煤电、煤热、煤焦化等煤炭上下游产业链,城市间缺乏明确分工,各自独立发展缺乏合作意识,区域型产业合作体系薄弱,导致四市之间形成恶性的竞争局面。

3）因"资源"而设的区划模式阻碍城市转型发展

资源型城市通常依托其所处的自然资源条件,通过"切块设市"的方式形成辖区,导致其区划设置具有明显的矿区或林区特点[11]。然而,随着城市发展及资源的逐渐枯竭,这种因"资源"而设的区划模式对当前资源型城市的可持续发展、国土规划、环境保护已不再匹配。黑龙江省资源型城市现有的行政区划过于依赖原有的自然资源,导致现有的部分资源型城市产业发展趋同,缺少分工协作。与绝大多数城市拥有较长的农耕文明不同,黑龙江省部分资源型城市的开发史较短,城市建设的目的主要是为了便于资源采掘。因此,城市选址在资源发现地附近,部分甚至位于山区等交通不便之地。同时,由于资源分布并不规律,区划多因"资源"而设,这种发展模式也使得以"四煤城"为代表的资源型城市现有的区划结构阻碍其转型发展。

8.6.3 以行政区划调整优化黑龙江省收缩型城市的区划设置策略

1)以政区兼并整合优化东部城市群的城镇空间结构

黑龙江省东部城市群由佳木斯与"四煤城"(七台河、双鸭山、鹤岗、鸡西)五个城市组成。《黑龙江省国土空间规划(2021—2035年)》明确提出"以佳木斯为枢纽城市,以四煤城为节点城市的东部城市组团"。"四煤城"虽然陷入了资源枯竭的泥沼,但是仍具有发展潜力,经济发展经历了先上升后下降再上升的S形趋势。以"十四五"规划期过渡,可考虑将"四煤城"中的七台河及双鸭山和鹤岗合并调整,分别将鹤岗及双鸭山的集贤县、友谊县和市区部分并入佳木斯,将七台河及双鸭山的宝清县、饶河县并入鸡西,组建人口规模新区,优化生产、生活要素配置。通过行政区划调整实现"功能合并",形成更大的可供处理的资源池,促进各类要素在地区之间流动,强化空间集聚效应,形成专业化分工清晰、上下游产品配套密不可分的集聚经济、创新经济以及区块链。以行政区划调整的"政治合并"精简行政机构,提高行政效率和公共服务水平,有助于营造良好的外部环境,再次激发东部城市群的发展潜力,形成东部区域良性互动的振兴新格局。

此外,为统筹新生城市培育和收缩型城市瘦身强体,稳妥调减收缩型城市市辖区以解决黑龙江省的人口"迷你区"问题,考虑将鹤岗市向阳区、工农区和兴山区合并,南山区和兴安区合并;将鸡西市鸡冠区、城子河区合并;将双鸭山市四方台区与尖山区合并。首先,这几个区具有辖区面积小、空间邻近、人口规模小等特点。合并为一个区,可以减少多个辖区带来的不便,使得城市统一管理,高效发展。其次,合并辖区有利于打破"行政区经济"的桎梏,构建产销一体化产业链,拓展区域发展空间,同时又有助于转变政府职能,优化行政机构设置,减少行政成本,为以后更好地发展打下基础。

2)以哈大齐牡绥经济带的行政区划调整促进区域一体化发展

推进哈大一体化,将兰西县划入哈尔滨,安达市、肇东市、青冈县等并入大庆市,绥化市与北安市一体化,通过行政区功能合并打破不同行政区间的行政壁垒,改变政府空间支配权力、行政区规划权与土地所有权,更好地实现哈尔滨、大庆、绥化所在区域的一体化效应,形成集聚经济,带动自身和周围城市更好的发展;尚志市、方正县、延寿县组建新的地级市,助推资源要素在新的地级市集聚,弥补因距离哈尔滨过远所造成的治理空缺,使新地级市政府在职能结构、治理能力、治理效率、政策实施、土地利用、财政支出等方面,在哈尔滨市与牡丹江市中间建立一个联动的枢纽点,消除哈尔滨与牡丹江间经济地理上的"真空区",更好地与哈尔滨、牡丹江相匹配,全线全面联动激活哈大齐牡绥经济带,实现经济带的东西相向发展(表8-3)。

表8-3 实施行政区划调整策略实施前后黑龙江省部分城市地区生产总值和常住人口数量表

序号	城市	行政区划调整前		行政区划调整后	
		地区生产总值/亿元(以2019年为例)	常住人口/万人(以第七次全国人口普查为例)	地区生产总值/亿元(以2019年为例)	常住人口/万人(以第七次全国人口普查为例)
1	哈尔滨市	5 249.40	1 000.98	5 015.40	948.87
2	大庆市	2 568.30	278.16	3 035.00	409.97
3	齐齐哈尔市	1 128.90	406.75	1 128.90	406.75
4	绥化市	1 101.40	375.62	683.70	245.76
5	牡丹江市	825.00	229.02	825.00	229.02
6	佳木斯市	762.90	215.65	1 324.38	379.47
7	黑河市	578.90	128.64	458.40	97.82
8	鸡西市	552.80	150.20	1 037.75	265.35
9	双鸭山市	478.30	120.88	—	—
10	鹤岗市	336.80	89.13		
11	伊春市	298.50	87.89	295.50	87.89
12	七台河市	231.33	68.96	—	—
13	新城	—	—	305.50	82.98

8.7 结论与展望

在收缩与增长情境并存的城镇化新格局之下,收缩型城市的空间结构、功能定位以及发展模式正在逐步转型,对城市空间结构调整与优化的需求日渐强烈,行政区划也需要同时关注收缩与转型的空间形态调整策略。本章基于收缩视角,对当前收缩型城市转型发展中所面临的行政区划约束问题进行了识别,将行政区划调整与收缩型城市转型发展纳入一个统一的理论框架中,为实现收缩型城市的转型发展提供参考和借鉴。首先,依据收缩型城市形成的动因分析,现有的行政区划及管理体制从区划设置、行政区功能定位、行政机构设置三个方面阻碍了收缩型城市的转型发展。其次，基于行政区划调整作用于中国收缩型城市转型的机制分析，本章认为行政区划可通过政区位势调整、撤并整合、管辖范围优化来助力收缩城市之间的协调发展，以重构辖区空间布局、优化行政设置，实现收缩型城市内部的"瘦身强体"。最后，基于所构建的行政区划调整对收缩型城市转型发展的理论框架，以黑龙江省收缩型城市为研究对象，提出以政区撤销、合并为主要区划调整措施来解决黑龙江省当前存在的区划细碎、区划管理幅员差异较大、区划设置与人口规模不匹配等问题。

在收缩型城市转型发展的过程中，政府应合理地运用行政区划这一资源工具，积极发挥其资源效应，将行政资源合理分配到各政区，以促进人口、资本、技术等要素在各政区间的自由流动，实现人口、生产、技术要素在空间上的优化配置和空间资源的延伸和优化重组，真正将行政区划这一资源的效应发挥最大化。本章将行政区划调整与收缩型城市转型发展纳入一个统一的理论框架，为今后的研究提供了一个新的理论视角，但还需要考虑到行政区划调整对不同地区收缩型城市的发展格局、区域城镇体系和行政管理体制改革的差异化作用，结合推进国家新型城镇化建设的时代需求，探讨未来中国行政区划调整在城市转型发展方面的新方向，为推进地方行政区划优化和区域协调发展提供新的解决思路和方案。

（执笔人：洪涛、杨航、李超伟、郭雨）

第8章参考文献

[1] 孙平军,刘菊,罗宁,等. 成渝地区双城经济圈收缩城市的空间格局与影响因素：基于第五、六、七次全国人口普查数据的分析[J]. 西南大学学报(自然科学版),2022,44(1):46-56.

[2] 龙瀛,吴康. 中国城市化的几个现实问题：空间扩张、人口收缩、低密度人类活动与城市范围界定[J]. 城市规划学刊,2016(2):72-77.

[3] 张学良,刘玉博,吕存超. 中国城市收缩的背景、识别与特征分析[J]. 东南大学学报(哲学社会科学版),2016,18(4):132-139,148.

[4] 吴康,孙东琪. 城市收缩的研究进展与展望[J]. 经济地理,2017,37(11):59-67.

[5] 孙斌栋,金晓溪,林杰. 走向大中小城市协调发展的中国新型城镇化格局：1952年以来中国城市规模分布演化与影响因素[J]. 地理研究,2019,38(1):75-84.

[6] 王贤彬,聂海峰. 行政区划调整与经济增长[J]. 管理世界,2010(4):42-53.

[7] 唐为,王媛. 行政区划调整与人口城市化：来自撤县设区的经验证据[J]. 经济研究,2015,50(9):72-85.

[8] 王开泳,陈田,刘毅. "行政区划本身也是一种重要资源"的理论创新与应用[J]. 地理研究,2019,38(2):195-206.

[9] 龙瀛,吴康,王江浩. 中国收缩城市及其研究框架[J]. 现代城市研究,2015,30(9):14-19.

[10] 张明斗,刘奕,曲峻熙. 收缩型城市的分类识别及高质量发展研究[J]. 郑州大学学报(哲学社会科学版),2019,52(5):47-51.

[11] 叶云岭,吴传清. 中国收缩型城市的识别与治理研究[J]. 学习与实践,2020(5):32-41.

[12] HÄUßERMANN H,SIEBEL W. Die schrumpfende stadt und die stadtsoziologie [M]//FRIEDRICHS J. Soziologische stadtforschung. Opladen:Westdeutscher Verlag,1988.

[13] DELKEN E. Happiness in shrinking cities in Germany:a research note[J]. Journal of happiness studies,2008,9(2):213-218.

[14] WIECHMANN T,PALLAGST K M K. Urban shrinkage in Germany and the USA:a comparison of transformation patterns and local strategies [J]. International journal of urban and regional research,2012,36(2):261-280.

[15] 吴康,方创琳,赵渺希. 中国城市网络的空间组织及其复杂性结构特征[J]. 地理研究,2015,34(4):711-728.

[16] 张明斗,曲峻熙. 城市收缩对经济发展的影响研究[J]. 城市发展研究,2020,27(5):50-57.

[17] 刘贵文,谢芳芸,洪竞科,等. 基于人口经济数据分析我国城市收缩现状[J]. 经济地理,2019,39(7):50-57.

[18] 王常君,曲阳阳,吴相利. 资源枯竭型城市的经济—人口收缩治理研究:基于黑龙江省资源枯竭型城市的现实分析[J]. 宏观经济研究,2019(8):156-169.

[19] 徐博. 收缩城市与精明发展:收缩型中小城市政府治理与市场效率的内在逻辑匹配及改革创新空间[J]. 经济学家,2019,1(12):34-45.

[20] CASTELLS M,CARDOSO G. The network society:from knowledge to policy [Z]. Washington,DC:Johns Hopkins Center for Transatlantic Relations,2005.

[21] 匡贞胜,申立,肖莎. 资源型地区的结构变迁与行政区划改革:以伊春市为例[J]. 经济社会体制比较,2021(4):129-139.

[22] 匡贞胜. 中国近年来行政区划调整的逻辑何在:基于EHA-Logistic模型的实证分析[J]. 公共行政评论,2020,13(4):22-40,205.

[23] 朱建华,王开泳,陈田. 国内外市型政区设置研究进展与展望[J]. 地理科学进展,2015,34(8):987-997.

[24] 杨保军,陈鹏. 新常态下城市规划的传承与变革[J]. 城市规划,2015,39(11):9-15.

[25] 林拓,申立. 行政区划优化:与国家治理同行[J]. 经济社会体制比较,2016(4):77-86.

[26] 衣霄翔,赵天宇,吴彦锋,等. "危机"抑或"契机":应对收缩城市空置问题的国际经验研究[J]. 城市规划学刊,2020(2):95-101.

[27] 翟顺河,郭文炯,景普秋. 资源型区域城镇化动力、特征与战略取向:基于山西的实证[J]. 城市规划,2010,34(9):67-72.

[28] 匡贞胜. 城市收缩背景下我国的规划理念变革探讨[J]. 城市学刊,2019,40(3):56-60.

[29] 孙斌栋. 构建"适度均衡"的新型城镇化空间格局[J]. 国家治理,2020(36):17-21.

[30] 邓玲,杜黎明. 主体功能区建设的区域协调功能研究[J]. 经济学家,2006(4):60-64.

[31] 陆大道,刘毅,樊杰. 我国区域政策实施效果与区域发展的基本态势[J]. 地理学报,1999,54(6):496-508.

[32] 刘君德,舒庆. 中国区域经济的新视角:行政区经济[J]. 改革与战略,1996,12(5):1-4.

[33] 何李,陈萌. 中西部城镇格局的方向选择与结构优化:基于行政区划关系形态的分析[J]. 改革与战略,2019,35(9):51-60.

[34] 朱建华,陈田,王开泳,等. 改革开放以来中国行政区划格局演变与驱动力分析[J]. 地理研究,2015,34(2):247-258.

[35] 夏添,孙久文,林文贵. 中国行政区经济与区域经济的发展述评:兼论我国区域经济学的发展方向[J]. 经济学家,2018(8):94-104.

[36] 王国恩,张媛媛. 城市增长边界的效能及对行政区划调整的影响[J]. 规划师,2012,28(3):21-27.

[37] 尚正永,卢晓旭,张小林,等. 行政区划调整对城市地域结构演变的影响:以江苏省淮安市为例[J]. 经济地理,2015,35(8):61-67.

[38] 周恺,涂婳,戴燕归. 国土空间规划下城市收缩与复兴中的空间形态调整[J]. 经济地理,2021,41(4):212-220.

[39] 王建华. 行政区划调整与城市空间的跨越发展[J]. 规划师,2003,19(5):77-79.

[40] 王开泳,王甫园,陈田. 行政区划调整的政区位势理论与模型构建:以重庆市为例[J]. 地理学报,2019,74(12):2495-2510.

[41] 柯学民. 西方国家地方政府层级体制改革的演变规律与借鉴价值[J]. 西部学刊,2021(20):31-34.

第8章图表来源

图8-1源自:笔者根据周恺,涂婳,戴燕归. 国土空间规划下城市收缩与复兴中的空间形态调整[J]. 经济地理,2021,41(4):212-220绘制.

图8-2源自:笔者根据《黑龙江省统计年鉴》绘制.

图8-3源自:标准地图服务系统网站黑龙江省地图[审图号为黑S(2022)37号].

图8-4、图8-5源自:笔者根据《黑龙江省统计年鉴》绘制.

表8-1源自:笔者根据各省统计年鉴绘制.

表8-2源自:笔者根据第七次全国人口普查、《黑龙江省统计年鉴》绘制.

表8-3源自:笔者根据《黑龙江省统计年鉴》绘制.

9 区域行政区划体系的绩效评估与优化策略研究：以海南省为例

区域行政区划体系指某个区域内的行政区划体系,既包括正式的省—市—县—乡/镇体系,也包括街道办事处、开发区等准行政区划[1]。行政区划是国家治理体系和组织结构的基本形式,是事关国家政治、经济和社会发展全局的重大战略问题,也是一种重要的资源[2-3]。因此,区域行政区划体系设置对于区域的经济发展水平、社会服务治理、空间治理效率、生态环境保护和区域协同发展等必然具有长期而深刻的影响。本章主要基于政治地理学、政区地理学、城市地理学和区域科学的相关理论和实证研究成果,综合利用定量模型和案例分析,主要以海南省为例评估省级区域行政区划体系的绩效,尤其是区域行政区划层级体系对其经济发展水平的影响,为提升区域行政区划体系的绩效、优化区域一体化发展提供科学支撑和决策咨询参考。

9.1 研究进展

总的来说,目前尚无对区域行政区划绩效的系统研究,与之相关的主要有两个方面的文献:一是对行政区划设置与调整效应的研究,尤其是对经济发展影响的研究;二是关于如何依托行政区划设置推动区域一体化或协同发展的研究。本节对这两个部分的研究分别进行简要梳理。

9.1.1 行政区划设置与调整效应研究

很多学者考察了行政区划特征对区域发展的影响。如刘君德等提出的"行政区经济"理论主要考察了行政区和经济区的关系,指出行政区的地方保护主义对经济区生产要素合理流动和共同市场发育具有制约作用[4-5]。浦善新分析了城乡行政管理体制对城镇化的影响,认为城乡合一体制下市领导县体制、整县改市模式已不适应市场经济发展的需要,应该遵循城乡分治的原则探索新的设市模式[6]。王丰龙和刘云刚等以鄂尔多斯和中山市为例,分析了行政区划手段对区域新城发展和城市化进程的影响,提出了行政城市化和"区划调整先导型城市化"等概念[7-8]。克拉普卡(Klapka)等基于对功能区和政区比较的视角分析行政区划体系的效率,认为行政区应该遵循空间效率、空间公平和空间稳定三个原则,而有效的行政区划设置应该能够提供与基于功能区得出的空间分析结果类似的结论;他们进而运用约束函数和空间分析等方法,比较了将捷克的各类行政区与功能区分别作为分析单元进行空间分析所得出的结论,且未发现两者存在显著的差异,说明捷克的行政区划体系是基本有效的[9]。哈拉斯(Halás)等以斯洛伐克为例,分析了行政区划对选举公平性的影响,发现斯洛伐克的匈牙利少数民族聚居区被故意拆分到不同的行政区内,从而导致对他们的选区划分不公[10]。李汉等分析了行政区划层级对城市土地扩张的影响,发现行政级别越高的城市(直辖市＞副省级城市＞地级市)建设用地面积的增长速度越快[11]。普兹比拉(Przybyła)等通过对20世纪90年代波兰公共行政系统改革中取消的前省会和当前省会的比较分析,发现城市行政地位(administrative status)对区域投资量有重要影响[12]。

还有一些研究在动态的场景下,分析行政区划调整对地区城市化、经济发展和权力关系的影响。如谢涤湘等较早分析了撤县(市)设区对城市发展的积极影响和消极影响,建议组建多元化的城市协调组织,科学、稳妥地开展行政区划调整[13];李开宇等以番禺"撤市设区"以及拆分为番禺区和南沙区两次行政区划调整为例,指出了行政区划调整所存在的问题,并提出了提升行政区划调整绩效的途径[14];林耿等利用定量比较和双重差分等方法,分析了行政区划调整对城镇化进程和城市人口与财政增长的影响[15-18];李郇等运用双重差分法等分析了撤县(市)设区等行政区划调整对城市经济增长的影响效应与机制[19-20];王开泳等分析了行政区划调整对城市建成区面积扩张的影响[21];王丰龙等则分析了行政区划调整对房价的影响[22];简旭伸(Chien)分析了昆山市如何利用县改县级市、获得江苏省直管、提升领导官员级别、共建工业园区和交易土地转让额度等正式或非正式的行政区划调整提升地方政府的权力[23];海尼施(Heinisch)等以奥地利施蒂里亚(Styria)州为例分析了行政区划设置对选民投票行为的影响,发现行政区划合并后公民与政治候选人的联系减少,导致地方选举中的投票率较低[24];福斯特(Foster)分析了1962—1982年美国129个大型都市区的政治结构与人口增长的关系,发现其政治整合程度的提高加快了人口增长的速度[25]。

9.1.2 区域协同发展背景下的行政区划设置研究

随着城市—区域的扩展和区域一体化战略的实施,推动区域协同发展日益成为国家政策推动的重要方向。在区域一体化发展中,需要克服现有制度的阻碍、建立不同城市间的沟通协调机制。然而,行政区划对区域协同发展的影响具有矛盾性。一方面,行政区划有资源属性,行政区划设置的调整(区域内行政区边界整合或行政级别提升等)不仅会打破区域间的属地限制,而且还可以推动区域的整合和发展。另一方面,由于行政区划的属地管理逻辑与经济区的发展逻辑存在错位,且行政管理的效益—费用比例和行政管理的幅员范围存在极限,因此,(正式)行政区划不可能成为解决区域协同发展的主要手段,甚至成为阻碍区域一体化发展的因素。因此,亟待对当前区域协同发展中行政区划体系的绩效和制度障碍加以系统评估。

克里斯泰勒的中心地理论表明,行政区划与区域经济一体化之间可能存在矛盾。根据中心地理论,基于行政原则(某级中心地所服务的区域内包含的次级中心地数量$K=7$个)与基于经济原则($K=3$个)构建的中心地体系是不一样的[26]。由于功能区往往被认为是基于经济联系自发形成的,因此不少学者构建了识别功能区的方法[27-28],并比较基于功能区与基于行政区划分的劳动力市场连续性和地域格局是否存在显著差异[29]。还有一些研究尝试运用实证模型和定量数据考察区域的城镇体系及其空间结构对于区域发展绩效的影响。如刘胜利用中国城市面板数据分析发现,城市群空间功能分工通过削弱"行政区划壁垒"与强化"产城融合效应"而有利于提高资源配置效率[30]。不过,目前更多的定量研究分析尺度处于城市内部,考察城市内部的空间结构和城区设置对其经济发展和社会福祉的影响。如张婷麟等考察了中国大都市政府结构分散化对城市经济增长的影响,发现经济增长率随城区数量而增加,但是当城区数量超过2个时这一关系就不复存在[31]。很多城市研究学者也分析了城市的多中心结构等对城市经济发展绩效、土地利用效率和缓解交通拥堵的影响[32-38]。还有一些研究侧重分析行政区划对区域一体化的限制作用。如孟祥林认为,行政区划壁垒的存在使得长三角城市群和京津冀城市群分别存在"超发展"问题(恶性竞争)和"欠发展"问题(贫困带)[39];汪宇明等认为,行政区划是区域旅游持续发展的基础动力条件,区域旅游障碍虽然与行政区划格局有一定的关联,但是不能将其简单地归咎为"行政区划的刚性约束"[40];李金龙等也指出,行政区划是制约区域经济一体化的主要制度性瓶颈之一[41]。

在这些理论和实证研究的基础上,现有研究主要从两个方向提出优化区域行政区划设置、推进区域一体化发展的政策建议。一些学者侧重依托正式的行政区划手段,即通过建立一个统一的行政区域来推行区域一体化[42]。如杨牡丹等认为,行政区划调整是推进城市群一体化进程的一个重要手段,并提出推动长株潭城市群发展的行政区划调整举措[43];谢涤湘等指出,可以通过城镇行政区划调整推动粤港澳大湾区的协同发展[44];肖金成也提出,京津冀区域应培育更多的二级城市和三级城市,形成城市规模、空间布局都比较合理的城市体系和功能区[45];王川兰等认为,改变固有的"中央—地方"二分的行政结构框架,才能够切实推进区域一体化进程[46-47]。不过,张紧跟认为,行政区划改革不可能解决所有的问题[48],应该适时从区域行政向区域治理转型[49]。为此,一些学者更强调区域治理和准行政区划的重要性,倡导淡化政府对经济的直接干预、利用非政府力量推动区域一体化。如多位学者围绕"复合行政"理论讨论推进区域一体化的策略,倡导加快政府职能转变和推动非政府组织参与,形成多中心、自主治理的区域合作治理机制[50-52]。赵聚军则强调准行政区划手段对于突破区划壁垒和推动区域协同发展的作用,建议通过设立多功能大行政区等推动区域一体化发展[53]。刘君德和陈占彪在探讨推动长三角一体化的方案时,也倡导组成以上海为重心的多中心的城市空间组织模式或组建大都市区多中心体制的跨界联合政府[54]。贺曲夫等则认为,行政区划手段和非行政区划手段在推动长株潭一体化中都很重要[55]。

不过,总的来看,现有对城市群或区域一体化中行政区划调整方案的政策研究大多基于经验判断,缺乏科学严谨的依据。尽管近年来部分城市研究学者尝试对城市空间结构与区域发展绩效的关系展开定量研究,但是一方面这些研究主要关注的是城市内部而非区域的空间结构,另一方面这些研究很少考虑行政区划体系的影响。为此,有必要利用定量模型科学地评估区域行政区划体系的绩效并考察行政区划设置对区域发展的影响,基于严谨的实证研究结论提出推进区域一体化和优化区域行政区划设置的建议。

9.2 案例地简介与研究方法

本章选择海南省作为分析的案例地。一方面,海南省作为我国"省直管县"的试点地区和体制机制改革先行先试地区,具有行政区划绩效评估和优化设置的迫切需求。另一方面,海南省是我国少数海岛型政区之一,内部行政区划自成体系、受其他地区的影响较小,容易推行区域一体化和行政区划改革。接下来,本节将重点介绍海南省行政区划的沿革、现状及其在区域发展中的作用,并介绍本章所采用的分析方法和模型设定思路。

9.2.1 海南省行政区划情况简介

1988 年,海南省从广东省析置成立,并设置保亭、白沙、琼中、陵水、东方、乐东、昌江 7 个自治县。此后,海南省行政区划经历了琼海等县改县级市、三亚和儋州升格为地级市和三沙市设立等一系列调整。除正式政区之外,海南省还设立了各种各样的功能区和准政区,主要包括:(1)为了巩固国防和社会主义建设需要和应对部分国家的排华政策、给归难侨创建新家园而分别推行的农垦系统和华侨农场,二者最近都已经改制为"居";(2)改革开放以来,海南岛全岛作为一个经济特区和自贸港先后设立了各类经济开发区、高新技术产业园区、保税区以及旅游产业园等国家级和省级的产业园区。这些功能区有自己的管理体制、辖区范围和管辖人口,并在纵向上由不同中央部委垂直管理,虽然不是法律意义上的政区,但是包含政区的部分要素并拥有一级政府的权限,尤其是经济发展权限。

目前,海南省形成了"省—市/县(—区)—乡/镇/街道"的多级行政区划体系(图 9-1)。截至 2020 年末,海南省下辖 4 个地级市(10 个市辖区)、

5个县级市、4个县和6个民族自治县，共196个乡(镇)、22个街道。其中，地级市和县级市主要分布在沿海地区；三亚市和海口市分布在海南岛南北两极，对全岛发展发挥着辐射带动作用；儋州市位于西部，作为西部中心城市而存在；三沙市虽然陆域面积不大，但是海域幅员辽阔，地缘政治意义重大；文昌市、琼海市和万宁市位于海岛东侧，经济社会发展水平较高，拥有博鳌等知名镇；东方市位于西侧，经济发展水平仅次于儋州市，产业以第二产业为主；五指山市位于岛屿中部位置，是生态保育区的中心城市。4个普通县(定安县、屯昌县、澄迈县和临高县)主要分布在北部地区，6个民族自治县(白沙黎族自治县、昌江黎族自治县、乐东黎族自治县、陵水黎族自治县、保亭黎族苗族自治县和琼中黎族苗族自治县)主要分布在中南部山地地区，是生态保育区的重要组成部分。

  此外，海南省还设置了一系列准行政区划。截至2020年末，海南省主要包括6个国家级开发区、26个省级园区和95个由农场改制的居(图9-2)。其中，国家级开发区包括1个国家级的经济开发区、1个国家级高新技术开发区、3个保税区(其中2个为综合保税区)以及1个亚龙湾国家旅游度假区。这些国家级开发区主要以派出机构的方式管理。其中，海口高新技术产业开发区、海口综合保税区党工委、管委会是分属于海口市委、市政府的派出机构。三亚亚龙湾国家旅游度假区以公司制运行。洋浦经济开发区由洋浦经济开发区管委会(正厅级)管理，行使省级管理权限，负责审议或审定洋浦经济开发区区域规划、产业布局、基础设施和公共服务设施建设、大型工业项目建设、成片土地的征用与开发、搬迁安置计划等事项。洋浦经济开发区辖区内又分设干冲区、新英湾区和三都区，并成立区办事处。此外，洋浦经济开发区还代管东方临港产业园(39.4 km^2)、临高金牌港开发区(20.1 km^2)。海南省的省级开发区大多由作为属地政府派出机构的管理局(管委会)主管，管理局(管委会)具有机关法人资格，具体负责园区综合协调、开发建设、运营管理、产业发展、投资促进、制度创新、企业服务等工作。省级开发区的产业类型涵盖高新技术产业、旅游业和现代服务业三大领域。其中，高新技术产业园区有洋浦经济开发区(含东方临港产业园、临高金牌港开发区)、海口高新技术产业开发区、三亚崖州湾科技城、文昌国际航天城、海南生态软件园和海口复兴城互联网信息产业园等；旅游业园区有陵水黎安国际教育创新试验区；现代服务业重点园区有海口江东新区、海口综合保税区、三亚中央商务区、博鳌乐城国际医疗旅游先行区等。海南省在农场改制过程中还设立了"居"这一基层准行政区划。2016年6月15日，东昌居正式挂牌运作，成为全国第一个以"居"命名的基层社会治理单元。居是农场社会管理属地化改革的成果，也是中国(海南)自由贸易试验区制度创新的一部分。居是具有独立法人资格的基层社会自治组织，集管理、服务、自治功能为一体，不占用行政事业编制，根据政府授权和购买服务等方式承担从农场剥离的社会管理和公共服务职能，隶属地方政府管理。

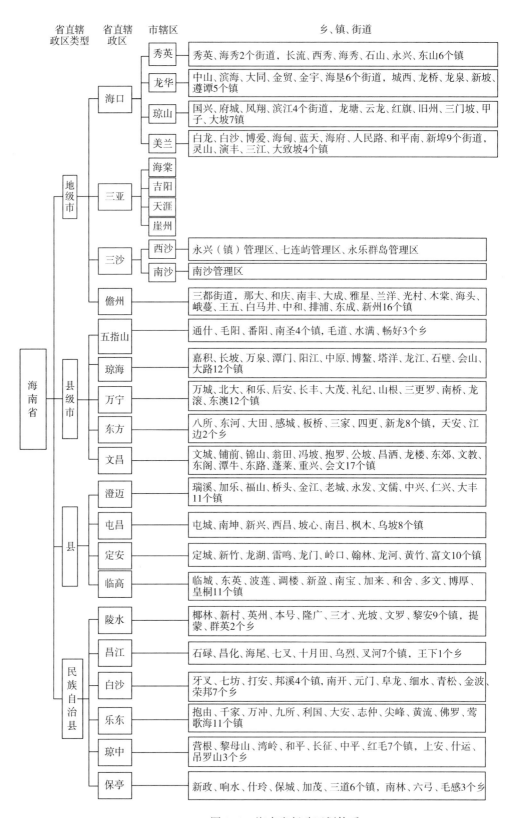

图 9-1 海南省行政区划体系

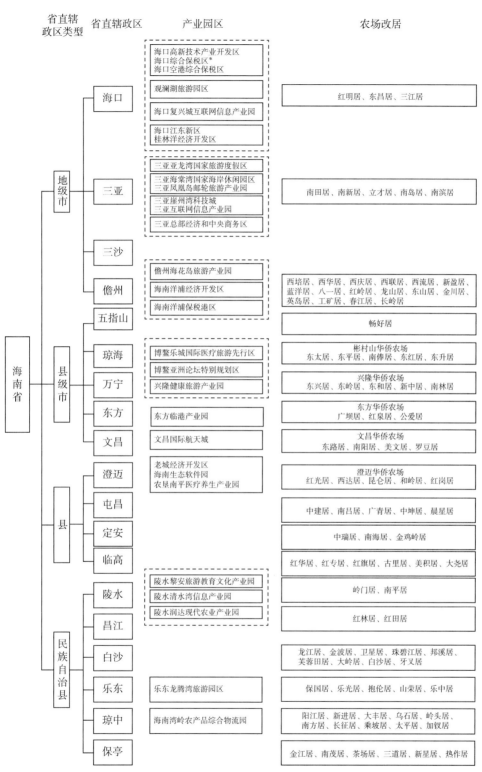

图 9-2 海南省准行政区划体系

注：*处的海口综合保税区在属地上位于澄迈。

9.2.2 海南省优化行政区划绩效的政策背景

近年来,国家对海南省的行政区划设置提出了一系列改革要求。2018年4月13日,习近平总书记在庆祝海南建省办经济特区30周年大会上的讲话(以下简称"4·13"讲话)中提出,先行先试是经济特区的一项重要职责,要在各方面体制机制改革方面为全国提供更多可复制可推广的经验。2018年4月11日,中共中央、国务院制定的《关于支持海南全面深化改革开放的指导意见》(以下简称"中央12号文件")也明确提出,要"推进海南行政区划改革创新,优化行政区划设置和行政区划结构体系"。2020年6月1日,中共中央、国务院印发了《海南自由贸易港建设总体方案》,提出到2035年海南实现贸易自由便利、投资自由便利、跨境资金流动自由便利、人员进出自由便利、运输来往自由便利和数据安全有序流动,成为我国开放型经济新高地。

那么,海南省主要在哪些方面应该发挥先行先试的优势呢?本章认为,主要是自贸港建设中的简政放权和围绕省直管县的基层治理。一方面,海南省目前正在全力建设特区和自贸港,因此行政区划改革的重要方向是推动全岛体制机制改革、简政放权和贸易投资自由便利,并形成可供其他地区学习推广的模式和样板。另一方面,作为我国"省直管县"的重要试点地区,海南省在基层治理的经验摸索方面也走在全国前列。海南省委自2007年提出逐步将省辖市的省级管理权限下放给县(市)后,海南省人民代表大会常务委员会通过并公布了于2009年进一步出台的《进一步完善省直管市县管理体制的决定》,在下放权力、降低行政成本、转变政府职能、推行大部门制、压缩政府行政管理层级和提高行政管理效率方面不断积极探索,形成了省直管县的"海南模式"。"4·13"讲话对于省直管市县的行政管理体制改革等工作做出了肯定,并指示"要更大力度转变政府职能,深化简政放权、放管结合、优化服务改革,全面提升政府治理能力"。"中央12号文件"提出,要"全面加强基层治理,统筹推进基层政权建设和基层群众自治,促进乡镇(街道)治理和城乡社区治理有效衔接,构建简约高效的基层管理体制"。

9.2.3 研究方法

本章主要采用三种方法分析海南省的行政区划绩效及行政区划体系设置对区域一体化发展的影响。

第一,构建度量区域行政区划绩效的指标。综合已有的学术研究成果和政府的行政管理职能,本章将行政区划绩效分解为侧重管理效率的行政绩效、侧重经济发展水平的经济绩效、侧重公共服务水平的社会绩效和侧重环境效应的生态绩效4个方面,进而基于多源数据构建由4大类、37项具体指标构成的指标体系(表9-1)。考虑到不同指标的量纲不同,先将各个指标标准化到1—99的区间后,再按照一级指标分别取均值,最后对汇总后的一级指标得分进行标准化后取均值,以此作为整体的行政区划绩效得分,并通过不同地区得分的对比来判断海南省行政区划绩效的水平及存在的问题。需要注意的是,为了防止个别年份的波动导致估算结果偏差,本章采用近5年(2015—2019年)的均值作为原始指标。由于县和乡镇的

表9-1 行政区划绩效评估的指标体系

一级指标	二级指标	三级指标
行政绩效	公共管理能力	单位组织管理的人口数/人
		人口密度/(人·km^{-2})
	公共财政能力	单位组织管理的幅员大小/(km^2·人$^{-1}$)
		人均财政预算收入/元
		地方一般公共预算支出/万元
经济绩效	经济发展	地区生产总值/亿元
		地区生产总值增长率/%
		人均地区生产总值/元
		人均固定资产投资/元
		外商直接投资/万美元
	居民收入	人均储蓄存款余额/元
		城镇居民人均消费支出/元
		职工平均工资/元
		社会消费品零售总额/亿元
		登记失业人数/人
	经济结构	第二产业占地区生产总值的比重/%
		第三产业占地区生产总值的比重/%
社会绩效	文化体育医疗设施	公共图书馆图书藏量/万册
		博物馆数/个
		体育馆数/个
		教育从业人数/人
		每万名学生普通中学教师数/人
		每万名学生小学教师数/人
		教育支出占财政支出的比重/%
		每万人拥有医院卫生院床位数/张
		每万人卫生技术人员数/人

续表 9-1

一级指标	二级指标	三级指标
社会绩效	创新水平	拥有发明专利数/件
		研究与试验发展(R&D)活动单位/个
		普通本专科在校生数/人
	城市建设	年末实有城市道路面积/万 m²
		城市化率/%
		建成区绿化覆盖率/%
		人均公园绿地面积/m²
生态绩效	环境污染水平	工业废水排放量/万 t
		污水处理厂集中处理率/%
		城镇化生活垃圾无害化处理率/%
		工业废气排放总量/t

公开统计数据较少，本章的分析主要在地级市层面展开，对镇的分析仅选取人口、辖区面积和公共服务设施的兴趣点(Point of Interest, POI)等指标，且仅在海南省地域范围内展开分析。

第二，基于中心地体系理论与齐普夫模型、分形几何的等价性，构建影响区域行政区划绩效影响因素的面板回归分析模型。首先，基于齐普夫模型，定量衡量省级行政区的层级结构特征。中心地体系中不同的 K 值对应于不同的中心地体系结构。陈彦光证明，中心地体系空间结构的标度定律与齐普夫模型和分形模型具有等价性[56-57]。为此，参照城市地理学中对城镇体系的建模思路，将省级行政区划体系中的地级市看作服从分形结构的中心地，并假定区域内城市的人口规模与其位序之间遵循齐普夫分布，所拟合的齐普夫模型系数（以下简称"齐普夫系数"）能够反映城市规模分布的等级程度——齐普夫系数的绝对值越低，表示城市间的差异越小、规模分布越均衡，反之，表明城市的规模差异越大、等级性越强。其次，每个省份拟合的齐普夫指数与各个地级市的行政区划绩效（尤其是经济发展绩效）之间构建回归分析模型，以衡量行政区划的层级结构对行政区划绩效的影响，为寻求最优的行政区划体系设置参数、优化行政区划调整提供参考方向。由于行政区划等级特征的参数是在省级尺度上计算的，而直到2015年海南省儋州市才升格为地级市，因此本章主要构建了2015年至2019年的面板回归分析模型。

第三，利用政策文本和深度访谈等资料，对区域一体化发展中所面临的行政区划限制和阻碍区域一体化的因素进行定性分析，指出推进区域一体化发展的方案和策略。具体而言，本章主要通过对海南省级和地市级的民政部门领导、开发区管理人员和海南省居民的深入访谈，并结合相关的行政区划设置沿革、开发区管理文件，重点对政区与开发区等准行政区划的关系展开深入分析,总结目前阻碍海南省区域一体化的制度因素。

9.3 研究结果

本章主要从行政区划绩效的指标体系、回归分析模型和定性分析三个角度展开分析,以下分别对每部分的分析结果进行阐述。

9.3.1 海南省行政区划绩效指标体系评估结果

本章从行政效率、经济发展绩效、社会服务水平和生态建设质量四个方面,对2014—2018年全国297个地级及以上城市(其中不含我国三沙市和港澳台地区,包含2019年被撤市设区的莱芜市)的行政区划效能进行了综合评价,并根据得分制作了全国城市行政区划绩效排行榜(表9-2)。可以发现,北京市、深圳市、上海市、重庆市、广州市、成都市、武汉市、天津市、济南市和珠海市位居排行榜的前10名,鸡西市、双鸭山市、铁岭市、海东市、绥化市、榆林市、林芝市、吕梁市、长治市以及运城市则位列排行榜的后10名。使用自然断裂点分析方法,可以将全国297个地级及以上城市根据行政区划绩效分为五个等级,其断裂点分别为61、36、27和21。

表9-2 全国城市行政区划绩效排行榜

排名	城市	绩效	排名	城市	绩效	排名	城市	绩效
1	北京	87.64	101	马鞍山	26.31	201	娄底	21.55
2	深圳	87.38	102	中山	26.28	202	赤峰	21.55
3	上海	76.84	103	柳州	26.21	203	承德	21.54
4	重庆	72.67	104	巴中	26.15	204	萍乡	21.51
5	广州	61.25	105	襄阳	26.08	205	吴忠	21.50
6	成都	53.38	106	商丘	26.06	206	抚州	21.44
7	武汉	50.00	107	孝感	26.04	207	金昌	21.28
8	天津	49.87	108	金华	26.04	208	牡丹江	21.24
9	济南	48.18	109	衡阳	26.04	209	那曲	21.24
10	珠海	47.64	110	自贡	26.04	210	儋州	21.23
11	南京	47.20	111	河源	26.01	211	韶关	21.07
12	西安	42.96	112	潍坊	25.96	212	丽江	21.00
13	长沙	42.72	113	枣庄	25.91	213	固原	20.96
14	杭州	42.45	114	淮南	25.89	214	崇左	20.89
15	厦门	41.96	115	酒泉	25.87	215	朔州	20.84
16	郑州	41.21	116	驻马店	25.83	216	佳木斯	20.83

续表 9-2

排名	城市	绩效	排名	城市	绩效	排名	城市	绩效
17	合肥	40.20	117	西宁	25.80	217	宜春	20.82
18	青岛	39.92	118	南充	25.67	218	雅安	20.79
19	汕头	39.88	119	石嘴山	25.67	219	普洱	20.78
20	佛山	38.87	120	湘潭	25.63	220	怀化	20.77
21	东莞	38.14	121	常德	25.63	221	张掖	20.71
22	舟山	36.58	122	濮阳	25.56	222	阳泉	20.63
23	南昌	36.42	123	泸州	25.56	223	呼伦贝尔	20.59
24	宁波	35.18	124	鹤壁	25.47	224	肇庆	20.57
25	无锡	35.00	125	咸宁	25.45	225	天水	20.55
26	苏州	34.92	126	茂名	25.42	226	抚顺	20.54
27	南通	34.38	127	沧州	25.39	227	临沧	20.52
28	常州	34.11	128	景德镇	25.38	228	江门	20.47
29	克拉玛依	33.84	129	宜昌	25.35	229	商洛	20.45
30	福州	33.63	130	资阳	25.29	230	朝阳	20.44
31	长春	33.25	131	汕尾	25.28	231	百色	20.37
32	贵阳	32.91	132	惠州	25.15	232	衢州	20.36
33	威海	32.60	133	淮北	25.07	233	巴彦淖尔	20.35
34	嘉峪关	32.39	134	攀枝花	25.05	234	松原	20.24
35	海口	32.35	135	钦州	25.05	235	安顺	20.06
36	莆田	32.22	136	邯郸	24.95	236	通辽	20.00
37	鄂尔多斯	32.10	137	信阳	24.92	237	曲靖	19.99
38	扬州	32.08	138	盘锦	24.78	238	乌兰察布	19.94
39	芜湖	32.01	139	安庆	24.77	239	中卫	19.93
40	温州	31.77	140	三门峡	24.73	240	汉中	19.88
41	昆明	31.56	141	桂林	24.52	241	来宾	19.86
42	乌海	31.49	142	上饶	24.52	242	锦州	19.83
43	镇江	31.46	143	兰州	24.43	243	唐山	19.76
44	大连	31.36	144	防城港	24.40	244	七台河	19.73
45	哈尔滨	31.34	145	衡水	24.34	245	乐山	19.66
46	沈阳	31.09	146	广安	24.25	246	株洲	19.45
47	徐州	30.99	147	菏泽	24.16	247	六盘水	19.38
48	乌鲁木齐	30.75	148	赣州	24.14	248	达州	19.36

续表 9-2

排名	城市	绩效	排名	城市	绩效	排名	城市	绩效
49	呼和浩特	30.72	149	岳阳	24.12	249	渭南	19.36
50	三亚	30.56	150	贵港	24.12	250	大同	19.31
51	鄂州	30.49	151	十堰	24.10	251	潮州	19.27
52	东营	30.38	152	龙岩	24.08	252	丹东	19.26
53	泰州	30.37	153	郴州	23.96	253	哈密	19.18
54	烟台	30.36	154	益阳	23.82	254	平凉	19.13
55	石家庄	30.26	155	新乡	23.82	255	铜仁	18.97
56	蚌埠	30.20	156	平顶山	23.72	256	白银	18.95
57	太原	30.02	157	聊城	23.64	257	晋城	18.90
58	泉州	29.94	158	六安	23.62	258	河池	18.86
59	铜陵	29.84	159	齐齐哈尔	23.59	259	昭通	18.76
60	淮安	29.78	160	大庆	23.59	260	玉溪	18.76
61	南宁	29.65	161	内江	23.58	261	吉林	18.62
62	台州	29.57	162	南平	23.55	262	三明	18.51
63	阜阳	29.51	163	黄冈	23.54	263	延安	18.44
64	包头	29.01	164	德州	23.52	264	临汾	18.04
65	宿迁	28.85	165	永州	23.47	265	拉萨	17.96
66	洛阳	28.80	166	梅州	23.44	266	滨州	17.93
67	泰安	28.63	167	邢台	23.37	267	定西	17.93
68	亳州	28.57	168	邵阳	23.34	268	通化	17.68
69	揭阳	28.55	169	吉安	23.31	269	鞍山	17.63
70	随州	28.33	170	咸阳	23.25	270	白山	17.38
71	本溪	28.22	171	安阳	23.24	271	毕节	17.21
72	银川	28.10	172	黄山	23.17	272	陇南	17.21
73	鹰潭	28.05	173	德阳	23.15	273	庆阳	17.07
74	南阳	28.02	174	伊春	23.12	274	阜新	16.93
75	许昌	28.01	175	绵阳	23.11	275	忻州	16.73
76	嘉兴	27.99	176	安康	23.11	276	吐鲁番	16.56
77	周口	27.81	177	宣城	23.07	277	山南	16.47
78	连云港	27.80	178	宁德	23.01	278	四平	16.38
79	开封	27.63	179	池州	22.82	279	营口	16.28
80	漯河	27.52	180	丽水	22.79	280	葫芦岛	16.08

续表 9-2

排名	城市	绩效	排名	城市	绩效	排名	城市	绩效
81	宝鸡	27.37	181	保山	22.79	281	白城	16.00
82	新余	27.33	182	遵义	22.76	282	眉山	15.80
83	焦作	27.32	183	铜川	22.75	283	漳州	15.74
84	日照	27.31	184	梧州	22.70	284	秦皇岛	15.71
85	湛江	27.28	185	清远	22.54	285	鹤岗	15.19
86	莱芜	27.28	186	荆州	22.52	286	昌都	15.08
87	盐城	27.26	187	荆门	22.49	287	黑河	14.81
88	滁州	27.04	188	阳江	22.43	288	运城	14.74
89	黄石	26.98	189	辽阳	22.20	289	长治	14.66
90	淄博	26.95	190	晋中	22.08	290	吕梁	14.25
91	玉林	26.86	191	张家界	22.05	291	林芝	14.17
92	绍兴	26.77	192	宜宾	22.03	292	榆林	13.48
93	北海	26.73	193	广元	21.97	293	绥化	13.44
94	廊坊	26.67	194	云浮	21.97	294	海东	13.01
95	湖州	26.64	195	贺州	21.91	295	铁岭	12.92
96	宿州	26.49	196	辽源	21.91	296	双鸭山	8.13
97	临沂	26.47	197	张家口	21.80	297	鸡西	7.13
98	保定	26.38	198	九江	21.76			
99	济宁	26.36	199	武威	21.61		—	
100	遂宁	26.33	200	日喀则	21.58			

其中,北京市、深圳市、上海市、重庆市和广州市位于第一类城市,其行政区划绩效的综合水平遥遥领先其他城市,行政区划设置与其经济发展、社会服务和生态保护等耦合程度较高。第 6 名至第 23 名为第二类城市,这些城市主要包括成都、武汉等省会城市,天津直辖市以及经济较为发达的部分地级市。该类城市相较于第一类城市综合绩效偏低,但是在行政效率、经济发展绩效、社会服务水平以及生态文明水平的某一方面较为突出。第 24 名至第 89 名为第三类城市,这些城市的行政区划绩效虽逊色于前两类城市,但在所在区域的排名较高。第 90 名至第 212 名为第四类城市,这类城市的行政区划绩效较弱,但是具有提高的潜力。第 213 名至第 297 名为第五类城市,这类城市的行政区划绩效很低,与前四类城市差距显著。

海南省的海口市、三亚市以及儋州市在排行榜中分别位列第 35 名(第三类)、第 51 名(第三类)和第 210 名(第四类)。其中,海口市的综合行政区划绩效为 32.35,其生态建设质量达到了 68.84,是拉抬综合行政区划绩效的主要方面;行政效率、经济发展绩效以及社会服务水平分别是15.86、28.79以及15.91,处于中等水平。三亚市的综合行政区划绩效为30.56,在海南省仅次于海口市,行政区划绩效较高;其生态建设质量高达71.67,处于较高水平;行政效率、经济发展绩效以及社会服务水平分别是9.65、30.40、10.50,均处于中等水平。儋州市的综合行政区划绩效为21.23,行政区划绩效较低;其社会服务水平位于全国倒数第2名,说明儋州市在升格为地级市后很多社会服务功能仍然较为滞后;不过行政效率达到35.32,位于全国第16名,这部分是因儋州市主要以县级行政部门的设置规模管理超过95万人,因此从指标上看行政设置较为精简、管理效率较高。

9.3.2 海南省政区等级规模结构影响行政区划绩效的回归分析结果

本章进一步考察了区域行政区划体系的等级规模结构对行政区划绩效的影响。其中,用三个指标描述行政区划的等级规模结构。(1)齐普夫系数。本章选取地级城市数大于3的省级行政区划,运用齐普夫模型拟合其城市的规模-位序关系,并用模型拟合系数(r)的绝对值衡量各省地级行政区划的等级特征——r的绝对值越大,表示等级性越强。(2)所属省份下辖的地级行政区划数量。政区的管辖人口、幅员与层级是影响管理绩效的重要参数,在省-市两级政区之间可以用次级政区数量来侧面描述管理幅员——省级政区下辖的地级政区数量越多,代表分权的水平越高、政区的规模越小,也反映地级政区之间的协调难度越大。(3)每万人公共管理和社会组织人数。该指标反映了行政区划设置中的管理人员配置情况——人均公共管理和社会组织人数越少,说明行政管理的机构设置越精简,也代表每位行政管理人员面临的管理压力越大。本章选取各省人均地区生产总值作为因变量构建面板回归分析模型。模型还控制了固定资产投资、外商直接投资、城市化率等可能影响经济发展绩效的指标。

根据豪斯曼(Hausman)检验,宜使用固定效应模型。表9-3报告了面板回归固定效应模型的分析结果。可以发现,省下辖城市规模的等级性越高,城市的人均地区生产总值水平越低,即省内政划分的等级性会降低经济发展质量。比较发现,海南省的齐普夫系数较高,人均地区生产总值水平较低,表明海南省非均衡发展的问题较大,未来不应该将发展资源集中在海口市,应积极探索能够带动海南省东西两翼和中部地区发展的制度安排。每万人公共管理和社会组织人数与行政区划绩效有显著的负相关关系,即行政管理人员配置越臃肿,经济发展质量越低。这说明,要精简行政管理人员配置,积极推行放权改革。其他自变量对经济发展绩效的影响基本符合预期。需要指出的是,表9-3的模型只是对行政区划经济发展绩效的分析结果。受数据限制,本章没有对社会服务、生态保护等指标构建分析模型,但是其与行政区划设置的关系可能与经济发展绩效与行政区划设置的关系不同。

表 9-3 面板回归(固定效应模型)分析结果

类别	经济发展绩效(人均地区生产总值)	
	系数	P 值
齐普夫系数的绝对值	−6.335 9	0.08
所属省份下辖的地级行政区划数量/个	2.819	0.39
每万人公共管理和社会组织人数/人	−0.059***	0.01
人均固定资产投资/元	0.624***	0.00
人均外商直接投资/美元	0.557	0.28
城市化率/%	0.284**	0.04
常数项	−35.925	0.40
样本数(N)/个	291	—

注：**、***分别表示回归模型系数在5%和1%水平上显著。P 值表示回归分析的自变量拟合系数为零概率。

9.3.3 海南省政区和开发区关系的定性分析结果

在推动区域一体化发展中，不仅要关注正式政区之间的层级和幅员等设置情况，而且需要考虑正式政区与功能区或准行政区划之间关系的影响。二者的权属关系和职能划分如果处理不当，容易产生产城分离、管理低效和碎片化[58]等问题。海南省的准行政区划主要有开发区和街道/居等多种类型，不过对于区域整体发展具有较大影响的是开发区，尤其是涉及省－市两级政府关系和政区－准政区水平辖区交叠关系的国家级开发区。为此，本章进一步基于访谈等资料，定性考察了海南省所管辖的正式政区与开发区的关系。本章主要选择海南省直辖政区和开发区之间关系较复杂、典型性和代表性较强的儋州市与洋浦开发区的关系为例展开分析。

目前，洋浦经济开发区与儋州市的行政管辖关系还有很多理不顺的地方。第一，虽然洋浦经济开发区在行政区划上隶属于儋州市辖区范围，但是其部分管理权限要高于儋州，导致儋州与洋浦经济开发区存在位阶的不对等问题，在公职人员调动等方面存在壁垒。洋浦经济开发区在1992年由邓小平亲自批准成立，其管理机构洋浦经济开发区管理局(管委会)作为省委省政府的派出机构，是正厅级的工作单位，很多职能部门的权限高于儋州相关职能部门。儋州在2008年7月中共海南省第五届委员会第三次全体会议后才被赋予地级市权责，2015年2月19日被国务院正式批准成为地级市。为进一步发挥洋浦经济开发区的管理优势、整合区域产业发展资源，2020年东方临港产业园(39.4 km²)、临高金牌港开发区(20.1 km²)也被并入洋浦经济开发区管理。但是，洋浦经济开发区的管理人员没有到位,在东方临港产业园仅派驻 8 人作为筹备组参与管理,很容易引发东方与洋浦经济开发区对临港产业园管辖权的争夺和开发积极性的降低。第二,在社会公共服务供给方面,儋州与洋浦经济开发区之间互不统辖,在社会事务、公共服务乃至拆迁安置等方面的衔接不充分,潜存很多理不顺的地方。2013 年 10 月,儋州市三都镇整建制划入洋浦经济开发区,洋浦经济开发区的规划面积扩大到 120 km²,人口约为 10 万人。管理幅度的拓展使得洋浦经济开发区在经济发展这一核心职能之外,还要管理三都镇的社会服务事务,参与扶贫、乡村振兴等事务,这与开发区的主要职能相悖,且会分散相关部门的注意力、制约经济发展。第三,在辖区治理方面,洋浦经济开发区下辖干冲区、新英湾区和三都区,其管理机构办事处为正处级单位,但在行政区划代码中,三都区作为街道而存在,干冲区和三都区并不存在。这两套不相容的行政划分使得开发区与政区在数据统计、事务沟通、责权对接等方面存在脱节,制约了基层政区基本公共服务的供给。

9.4 结论与建议

本章研究发现,相较于全国的平均水平,海南省经济体量偏小,地级市发展的差异较大,基层政区规模偏小;在地级市中,海口和三亚两个中心城市的行政区划绩效较高,但是南北分立、彼此之间缺乏有效的协同合作;儋州的行政区划绩效偏低,尤其是社会公共服务绩效有待提升;从行政区划设置与区域发展绩效的关系来看,海南省直管县市的规模差异较大,限制了区域经济发展,政区与准政区之间在责权划分和社会服务供给等方面也存在理不顺的地方,不利于二者的协同发展。

基于这些结论,本章建议海南省通过行政区划调整和纵向责权关系调整,提升地级政区的均衡水平,加快东西两翼的发展;理顺政区与准政区的关系,促进区域协调发展。具体建议如下:

第一,通过行政区划调整来提升次级中心城市的辐射带动作用。相较于国内其他省市,海南省的规模等级性更强,海口市在全省一家独大,不利于发挥对全省的辐射带动作用。为此,建议培育儋州和琼海等次级中心城市,通过整合行政区划设置和提升行政区划级别等方式,培育强化东西两翼中心城市的辐射带动作用。儋州市作为西部中心城市,要在建制变革的基础上尽快完善地级市的体制,按照地级市的标准组织其政府职能部门和辖区内的政区,在职能部门层面,要匹配其职能部门的地市级标准,赋予其职能部门的人、财、物资源,保证其职能的有效执行;在辖区内的行政区划设置方面,要有序撤镇设街道,借鉴东莞、中山等地的经验,完善市辖镇体制,释放镇的活力,有序整合城镇设置市辖区。依托琼海市的博鳌镇等特色城镇,推动县级市升格为地级市,可以借鉴省政府对于儋州的治理经验,通过先赋予县级市以地级市的权限为后续的层级提升做好准备;同时,调动地方的资源协调能力与区域整合能力,促进城市与周边乡镇的产业联系和辐射带动作用,形成东部的增长极。同时,在不改变省直管县体制的基础上,尝试建立健全与协调同级区域的机构与机制,进一步推动区域协同发展。在北部,海口市应聚焦其对于周边市县的辐射带动作用,优化海口与澄迈、文昌和定安的关系,为其他区域的合作机制创新提供范本。在西部,促进东方市与儋州、洋浦经济开发区通过功能平台的协同治理,强化西部城市间的合作。在中部,在充分尊重地方自主性的基础上,产业相似性、地缘邻近性和资源互补性等因素推进地级市、县级市、县和民族县的有序撤并,并尽量兼顾不同主体差异化的利益,最小化政区撤并对个别区域的不利影响。

第二,建立面向特定领域的区域协调机构。海南省的面积不大,且各个县市都由省政府直管,因此在协调区域发展事宜过程中存在一定的优势。但是,区域的协同发展不仅需要上级政府的协调和推动,而且需要不同主体之间相互沟通妥协,且各自发挥积极性和比较优势。因此,仍然有必要就那些需要深入交流的议题建立专门的协调机构,建立常态化的地区间的沟通协作机制,强化区域协同发展能力。具体而言,可以参照长三角区域合作办公室的做法,围绕自贸区建设、招商引资、旅游开发和民族地区发展等议题,在省政府相关部门的引导下,鼓励一些落后地区在先进地区建立联络处和办公室,积极围绕自身的招商引资或旅游产品推介等需求,做好资源—需求对接整合工作,增强中心城市对周边地区的带动作用。此外,可以借鉴长江经济带等城市间联席会议的合作形式,加强市县之间、乡镇之间的沟通合作,以基础设施建设、联合旅游产品打造、地方特色农产品联盟等具体事务为抓手,推动不同地区、不同层级政府之间的优势整合、协同发展、携手共建,提升区域经济一体化水平。

第三,理顺正式政区与准政区或功能平台的关系。海南省诸多类型的准政区产生于间断性的国家战略之中,其与正式政区的关系不够明晰,层级归属相对混乱,与正式政区的职能部门对应性不强。如洋浦经济开发区与儋州之间的对接不够顺畅,洋浦经济开发区下辖办事处的职能部门与传统政区的职能部门差异较大,且有部分职能相对缺失;洋浦经济开发区管委会对临高金牌港开发区和东方临港产业园的管理也存在责权不够明晰、效果不够显著的问题。为此,建议一方面厘清各类准政区的责权范围,明确不同类型准政区在纵向层级上的归属,将准政区纳入与之相对应的政区的绩效评估之中,及时评估准政区的幅员、人口、经济社会发展水平、公共服务、基础设施等指标,据此动态调整基层政区的范围或服务人员的配置数量,并适时将条件成熟的准政区转变为正式政区。可以为不同的政府部门赋予不同的管辖范围,如正式政区应该落实基层社会服务的空间全覆盖,在配置相关服务人员时应该考虑到各类准政区内居民的需求;而对于享受招商引资税收优惠的企业,应该明确其所面临的相关管理问题所对应的开发区部门,以免造成行政管理的混乱。另一方面可以学习借鉴张江国家自主创新示范区"一区22园"的管理经验,发挥洋浦经济开发区等先进地区在管理水平和招商引资渠道等方面的优势,带动更多周边落后地区的开发区发展。但是,在推行过程中,必须明晰责权配置和收益分成等制度设计,充分调动不同地区参与协同发展的积极性。

(执笔人:王丰龙、刘云刚、张吉星、孙䶮、邹海翔)

[本章得到国家自然科学基金项目(42171225;42142028)、国家社会科学基金重大项目(21&ZD175)、上海市教育发展基金会和上海市教育委员会"晨光计划"(18CG28)和中央高校基本科研业务费专项资金资助]

第9章参考文献

[1] 王丰龙,刘云刚. 准行政区划的理论框架与研究展望[J]. 地理科学,2021,41(7):1149-1157.

[2] 王开泳,陈田,刘毅."行政区划本身也是一种重要资源"的理论创新与应用[J]. 地理研究,2019,38(2):195-206.

[3] 王开泳,陈田."十四五"时期行政区划设置与空间治理的探讨[J]. 中国科学院院刊,2020,35(7):867-874.

[4] 刘君德,舒庆. 中国区域经济的新视角:行政区经济[J]. 改革与战略,1996,12(5):1-4.

[5] 周克瑜. 论行政区与经济区的关系及其协调[J]. 经济地理,1994,14(1):1-6.

[6] 浦善新. 改革城乡行政管理体制促进城镇化的健康发展[J]. 城市规划,2006,30(7):16-21.

[7] WANG F L, LIU Y G. China's urban planning and administrative urbanisation: case of Ordos[J]. Proceedings of the institution of civil engineers: urban design and planning,2014,167(5):196-208.

[8] 刘云刚,靳杰. 区划调整的城市化效应:中山市的案例研究[J]. 地理科学进展,2014,33(8):1047-1057.

[9] KLAPKA P, HALÁS M, NETRDOVÁ P, et al. The efficiency of areal units in spatial analysis: assessing the performance of functional and administrative regions[J]. Moravian geographical reports,2016,24(2):47-59.

[10] HALÁS M, KLAPKA P. Functionality versus gerrymandering and nationalism in administrative geography: lessons from Slovakia[J]. Regional studies,2017,51(10):1568-1579.

[11] LI H, WEI Y D, LIAO F H, et al. Administrative hierarchy and urban land expansion in transitional China[J]. Applied geography,2015,56:177-186.

[12] PRZYBYŁA K, KACHNIARZ M, RAMSEY D. The investment activity of cities in the context of their administrative status: a case study from Poland[J]. Cities,2020,97:102505.

[13] 谢涤湘,文吉,魏清泉."撤县(市)设区"行政区划调整与城市发展[J]. 城市规划汇刊,2004(4):20-22.

[14] 李开宇,魏清泉,张晓明. 从区的视角对"撤市设区"的绩效研究:以广州市番禺区为例[J]. 人文地理,2007,22(2):111-114.

[15] 林耿,柯亚文. 广东省行政区划调整对城镇化的影响[J]. 地理与地理信息科学,

[16] 朱建华,陈曦,戚伟,等. 行政区划调整的城镇化效应:以江苏省为例[J]. 经济地理,2017,37(4):76-83.

[17] 唐为,王媛. 行政区划调整与人口城市化:来自撤县设区的经验证据[J]. 经济研究,2015,50(9):72-85.

[18] WANG J, YEH A G. Administrative restructuring and urban development in China:effects of urban administrative level upgrading[J]. Urban studies,2020, 57(6):1201-1223.

[19] 李郇,徐现祥. 中国撤县(市)设区对城市经济增长的影响分析[J]. 地理学报,2015,70(8):1202-1214.

[20] 陈浩,孙斌栋. 城市区界重组的政策效应评估:基于双重差分法的实证分析[J]. 经济体制改革,2016(5):35-41.

[21] WANG K Y, QI W. Space-time relationship between urban municipal district adjustment and built-up area expansion in China[J]. Chinese geographical science,2017,27(2):165-175.

[22] 王丰龙,张传勇. 行政区划调整对大城市房价的影响研究[J]. 地理研究,2017,36(5):913-925.

[23] CHIEN S S. New local state power through administrative restructuring:a case study of post-Mao China county-level urban entrepreneurialism in Kunshan[J]. Geoforum,2013,46:103-112.

[24] HEINISCH R, LEHNER T, MÜHLBÖCK A, et al. How do municipal amalgamations affect turnout in local elections? Insights from the 2015 municipal reform in the Austrian state of Styria[J]. Local government studies,2018,44(4):465-491.

[25] FOSTER K A. Exploring the links between political structure and metropolitan growth[J]. Political geography,1993,12(6):523-547.

[26] PRESTON R E. Christaller's research on the geography of administrative areas[J]. Progress in human geography,1992,16(4):523-539.

[27] KLAPKA P, KRAFT S, HALÁS M. Network based definition of functional regions:a graph theory approach for spatial distribution of traffic flows[J]. Journal of transport geography,2020,88:102855.

[28] FARMER C J Q, FOTHERINGHAM A S. Network-based functional regions[J]. Environment and planning A:economy and space,2011,43(11):2723-2741.

[29] CÖRVERS F, HENSEN M, BONGAERTS D. The delimitation and coherence of functional and administrative regions[J]. Regional studies,2009,43(1):19-31.

[30] 刘胜. 城市群空间功能分工带来了资源配置效率提升吗:基于中国城市面板数据经验研究[J]. 云南财经大学学报,2019,35(2):12-21.

[31] ZHANG T L, SUN B D, CAI Y, et al. Government fragmentation and economic growth in China's cities[J]. Urban studies,2019,56(9):1850-1864.

[32] ZHANG T L, SUN B D, LI W. The economic performance of urban structure:from the perspective of polycentricity and monocentricity[J]. Cities,2017,68:18-24.

[33] LI Y C,LIU X J. How did urban polycentricity and dispersion affect economic productivity? A case study of 306 Chinese cities[J]. Landscape and urban planning,2018,173:51-59.

[34] SUN B D,LI W,ZHANG Z Q,et al. Is polycentricity a promising tool to reduce regional economic disparities? Evidence from China's prefectural regions[J]. Landscape and urban planning,2019,192:103667.

[35] LI Y C,XIONG W T,WANG X P. Does polycentric and compact development alleviate urban traffic congestion? A case study of 98 Chinese cities[J]. Cities,2019,88:100-111.

[36] WANG M S,DERUDDER B,LIU X J. Polycentric urban development and economic productivity in China:a multiscalar analysis[J]. Environment and planning A:economy and space,2019,51(8):1622-1643.

[37] HE S W,YU S,LI G D,et al. Exploring the influence of urban form on land-use efficiency from a spatiotemporal heterogeneity perspective:evidence from 336 Chinese cities[J]. Land use policy,2020,95:104576.

[38] WANG Y X,SUN B D,ZHANG T L. Do polycentric urban regions promote functional spillovers and economic performance? Evidence from the producer service sector in Chinese city clusters[J]. Regional studies,2022,56(1):63-74.

[39] 孟祥林. 城市群的层次关系与空间扩展研究:以长三角城市群与京津冀城市群为例[J]. 中国名城,2016(6):13-21.

[40] 汪宇明,何小东. 关于区域旅游障碍的辨析:兼论行政区划对区域旅游发展的影响[J]. 旅游学刊,2008,23(8):39-45.

[41] 李金龙,王宝元. 地方政府管理体制:区域经济一体化发展的重要制度瓶颈[J]. 财经理论与实践,2007,28(1):120-123.

[42] 胡晓东,刘祖云. 区域行政与长三角一体化[J]. 南京工业大学学报(社会科学版),2006(4):40-45.

[43] 杨牡丹,何丹,杨传开. 长株潭城市群构建过程中的行政区划调整[J]. 现代城市研究,2012,27(8):76-81.

[44] 谢涤湘,谭俊杰,楚晗. 粤港澳大湾区城市群行政区划体制改革研究[J]. 规划师,2019,35(8):44-50.

[45] 肖金成. 京津冀区域合作的战略思路[J]. 经济研究参考,2015(2):3-15.

[46] 王川兰. 从二分到合作:区域经济发展中的公共行政结构与范式[J]. 学术月刊,2007,39(5):90-95.

[47] 许焰妮,唐娜. 基于府际关系视角的区域一体化模式分析[J]. 北京行政学院学报,2013(4):19-24.

[48] 张紧跟. 区域公共管理视野下的行政区划改革:以珠三角为例[J]. 中山大学学报(社会科学版),2007,47(5):91-96.

[49] 张紧跟. 从区域行政到区域治理:当代中国区域经济一体化的发展路向[J]. 学术研究,2009(9):42-49.

[50] 王健,鲍静,刘小康,等. "复合行政"的提出:解决当代中国区域经济一体化与行政区划冲突的新思路[J]. 中国行政管理,2004(3):44-48.

[51] 殷坤. 复合行政:促进长三角区域经济一体化的新思路[J]. 江南论坛,2004(11):14-15.

[52] 范巧,郭爱君. 从"复合行政"到"复合治理":区域经济一体化与行政区经济矛盾解决的新视角[J]. 南方经济,2009(6):61-69.

[53] 赵聚军. 行政区划调整如何助推区域协同发展:以京津冀地区为例[J]. 经济社会体制比较,2016(2):1-10.

[54] 刘君德,陈占彪. 长江三角洲行政区划体制改革思考[J]. 探索与争鸣,2003(6):12-14.

[55] 贺曲夫,史卫东,胡德. 长株潭一体化中行政区划手段和非行政区划手段研究[J]. 中国人口·资源与环境,2006,16(1):108-112.

[56] 陈彦光. 中心地体系空间结构的标度定律与分形模型:对Christarller中心地模型的数学抽象与理论推广[J]. 北京大学学报(自然科学版),2004,40(4):626-634.

[57] 陈彦光. 城市地理研究中的单分形、多分形和自仿射分形[J]. 地理科学进展,2019,38(1):38-49.

[58] 刘云刚,张吉星,王丰龙. 海南政区碎片化问题研究[J]. 中国名城,2021,35(8):14-21.

第9章图表来源

图 9-1、图 9-2 源自:笔者绘制.

表 9-1 至表 9-3 源自:笔者绘制.

本书作者

孙斌栋,华东师范大学人文地理学与区域经济学教授,博士生导师。于同济大学获得学士、硕士学位,于柏林工业大学获得博士学位,主要从事城市地理、经济地理、城乡规划、行政区划及空间治理研究。目前担任华东师范大学城市与区域科学学院党委书记,民政部政策理论研究基地——中国行政区划研究中心主任,教育部重点研究基地——中国现代城市研究中心副主任,城市空间定量研究平台——未来城市实验室主任,崇明生态研究院生态文明高端智库主任。中国地理学会城市地理专业委员会副主任和长江分会副主任,中国行政区划与区域发展促进会常务理事、副秘书长,中国区域科学协会常务理事、区域可持续发展专业委员会副主任,上海市地理学会常务理事,上海市宏观经济学会理事,上海市城市规划学会理事,国家发展和改革委员会长三角高质量发展规划咨询专家,国家社会科学基金重大项目"中国城市生产、生活、生态空间优化研究"和"构建大中小城市协调发展格局研究"首席科学家。荣获第八届高等学校科学研究优秀成果奖(人文社会科学)二等奖,上海市决策咨询研究成果奖一等奖两次,上海市哲学社会科学优秀成果奖二等奖五次,钱学森城市学金奖等多项荣誉。